Indisk Kryddermagi for Nybegynnere
En Enkel Indisk Kokebok

Rajan Sharma

Indeks

Krydret lam i yoghurt og safran 18
    Ingredienser 18
    Metode 19

lam med grønnsaker 20
    Ingredienser 20
    Metode 21

Karribiff med poteter 22
    Ingredienser 22
    Metode 23

Krydret lam Masala 24
    Ingredienser 24
    Metode 25

rogan josh 26
    Ingredienser 26
    Metode 27

Grillet svineribbe 28
    Ingredienser 28
    Metode 28

Biff med kokosmelk 29
    4 porsjoner 29
    Ingredienser 29
    Metode 30

svinekjøtt kebab 31

Ingredienser 31

Metode 31

Biff Chili Fry 32

Ingredienser 32

Metode 33

Biff Scotch Egg 34

Ingredienser 34

Metode 34

Malabar tørket kjøtt 35

Ingredienser 35

For krydderblandingen: 35

Metode 36

Moghlai lammekoteletter 37

Ingredienser 37

Metode 37

Kjøtt med okra 38

Ingredienser 38

Metode 39

Biff Baffad 40

Ingredienser 40

Metode 41

Badami Gosht 42

Ingredienser 42

Metode 43

Indisk roastbiff 44

Ingredienser 44

Metode 45

Khatta Pudina koteletter 46

    Ingredienser 46

    Metode 47

Indisk biff 48

    Ingredienser 48

    Metode 48

Lam i grønn saus 49

    Ingredienser 49

    Metode 50

Enkel lammekjøttdeig 51

    Ingredienser 51

    Metode 51

Svinekjøtt Sorpotel 52

    Ingredienser 52

    Metode 53

hermetisert lam 54

    Ingredienser 54

    Metode 54

haleem 55

    Ingredienser 55

    Metode 56

Grønn Masala lammekoteletter 57

    Ingredienser 57

    Metode 58

Bukkehornkløver lammelever 59

    Ingredienser 59

    Metode 60

Hussaini biff 61
    Ingredienser 61
    For krydderblandingen: 61
    Metode 62
Lamb Methi 63
    Ingredienser 63
    Metode 64
Biff Indad 65
    Ingredienser 65
    For krydderblandingen: 65
    Metode 66
lammegryte 67
    Ingredienser 67
    Metode 67
Lam med kardemommesmak 68
    Ingredienser 68
    Metode 69
Kheema 70
    Ingredienser 70
    Metode 70
Krydret svinekjøtt Frittata 71
    Ingredienser 71
    For krydderblandingen: 71
    Metode 72
Tandoori Raan 73
    Ingredienser 73
    Metode 74

Lam Talaa 75
    Ingredienser 75
    For krydderblandingen: 75
    Metode 76
tungestek 77
    Ingredienser 77
    Metode 78
Friterte fårekjøttruller 79
    Ingredienser 79
    Metode 80
Masala leveryngel 81
    Ingredienser 81
    Metode 82
krydret bifftunge 83
    Ingredienser 83
    Metode 84
lammepasandas 85
    Ingredienser 85
    Metode 85
Lam og eple karri 86
    Ingredienser 86
    Metode 87
Andhra-stil tørt lam 88
    Ingredienser 88
    Metode 89
Enkel biff karri 90
    Ingredienser 90

Metode 90
herregud korma 91
    Ingredienser 91
    Metode 92
erachi koteletter 93
    Ingredienser 93
    Metode 94
stekt kjøttdeig 95
    Ingredienser 95
    Metode 95
Kaleji Do Pyaaza 96
    Ingredienser 96
    Metode 97
Lam på beinet 98
    Ingredienser 98
    Metode 99
biff vindaloo 100
    Ingredienser 100
    Metode 101
biff karri 102
    Ingredienser 102
    Metode 103
lam med gresskar 104
    Ingredienser 104
    Metode 105
gushtaba 106
    Ingredienser 106

Metode 107
Lam med grønnsaker og blandede urter 108
    Ingredienser 108
    Metode 109
sitronaktig lam 110
    Ingredienser 110
    Metode 111
Pasanda av lam med mandler 112
    Ingredienser 112
    Metode 113
Stekt svinepølse med pepper 114
    Ingredienser 114
    Metode 115
Fårekjøtt Shah Jahan 116
    Ingredienser 116
    For krydderblandingen: 116
    Metode 117
fiskekebab 117
    Ingredienser 117
    For fyllet: 118
    Metode 118
Fiskekoteletter 120
    Ingredienser 120
    Metode 121
Fisk Sookha 123
    Ingredienser 123
    Metode 124

Mahya Kalia 125
    Ingredienser 125
    Metode 126
Reker Curry Rosachi 127
    Ingredienser 127
    Metode 128
Fisk fylt med dadler og mandler 129
    Ingredienser 129
    Metode 129
Tandoori fisk 131
    Ingredienser 131
    Metode 131
Fisk med grønnsaker 132
    Ingredienser 132
    Metode 133
gulnar tandoor 134
    Ingredienser 134
    For den første marinaden: 134
    For den andre marinaden: 134
Reker i Masala Verde 135
    Ingredienser 135
    Metode 136
fiskekotelett 137
    Ingredienser 137
    Metode 138
Parsi Fish Sas 139
    Ingredienser 139

Metode 140
Peshawari Machhi 141
    Ingredienser 141
    Metode 142
Krabbe karri 143
    Ingredienser 143
    Metode 144
sennepsfisk 145
    Ingredienser 145
    Metode 145
Meen Vattichathu 146
    Ingredienser 146
    Metode 147
Doi Maach 148
    Ingredienser 148
    Til marinaden: 148
    Metode 149
Stekt fisk 150
    Ingredienser 150
    Metode 150
Macher Chop 151
    Ingredienser 151
    Metode 152
Sverdfisk Goa 153
    Ingredienser 153
    Metode 154
Masala tørket fisk 155

Ingredienser 155

    Metode 155

Madras reke karri 156

    Ingredienser 156

    Metode 156

fisk i bukkehornkløver 157

    Ingredienser 157

    Metode 158

Karimeen Porichathu 159

    Ingredienser 159

    Metode 160

jumbo reker 161

    Ingredienser 161

    Metode 162

hermetisk fisk 163

    Ingredienser 163

    Metode 164

Fiskebolle karri 165

    Ingredienser 165

    Metode 166

amritsari fisk 167

    Ingredienser 167

    Metode 167

Reker stekt masala 168

    Ingredienser 168

    Metode 169

Dekket saltfisk 170

- Ingredienser 170
  - Metode 171
- pasanda reker 172
  - Ingredienser 172
  - Metode 173
- rechaido sverdfisk 174
  - Ingredienser 174
  - Metode 175
- Teekha Jhinga 176
  - Ingredienser 176
  - Metode 177
- Balchow reker 178
  - Ingredienser 178
  - Metode 179
- bhujna reker 180
  - Ingredienser 180
  - Metode 181
- Chingdi Macher Malai 182
  - Ingredienser 182
  - Metode 183
- Fisk Sorse Bata 184
  - Ingredienser 184
  - Metode 184
- Fiske suppe 185
  - Ingredienser 185
  - Metode 186
- jhinga nissa 187

Ingredienser 187

    Metode 188

Blekksprut Vindaloo 189

    Ingredienser 189

    Metode 190

Hummer Balchow 191

    Ingredienser 191

    Metode 192

Reker med aubergine 193

    Ingredienser 193

    Metode 194

grønne reker 195

    Ingredienser 195

    Metode 195

Fisk med koriander 196

    Ingredienser 196

    Metode 196

malai fisk 197

    Ingredienser 197

    For krydderblandingen: 197

    Metode 198

Konkani fiskekarri 199

    Ingredienser 199

    Metode 199

Krydret reker med hvitløk 200

    Ingredienser 200

    Metode 201

Enkel fiskekarri 202

    Ingredienser 202

    Metode 202

Goan Fish Curry 203

    Ingredienser 203

    Metode 204

Reker Vindaloo 205

    4 porsjoner 205

    Ingredienser 205

    Metode 206

Fisk i Masala Verde 207

    Ingredienser 207

    Metode 208

masala muslinger 209

    Ingredienser 209

    Metode 210

fiske tikka 211

    Ingredienser 211

    Metode 212

Aubergine fylt med reker 213

    Ingredienser 213

    Metode 214

Reker med hvitløk og kanel 215

    Ingredienser 215

    Metode 215

Dampet såle med sennep 216

    Ingredienser 216

   Metode 216
gul fiskekarri 217
   Ingredienser 217
   Metode 217

Krydret lam i yoghurt og safran

4 porsjoner

Ingredienser

5 ss ghee

1 ts ingefærpasta

1 ts hvitløkspasta

675 g / 1½ lb benfritt lam, kuttet i 3,5 cm / 1½ tommers biter

salt etter smak

750 ml / 1¼ halvliter vann

4 store løk, i skiver

1 ts chilipulver

1 ts garam masala

1 ss brunt sukker, oppløst i 2 ss vann

3 grønne paprika, kuttet på langs

30g/1oz malte mandler

400 g / 14 oz gresk yoghurt, pisket

10 g / ¼ oz korianderblader, finhakket

½ ts gurkemeie, oppløst i 2 ss melk

Metode

- Varm halvparten av gheen i en panne. Tilsett ingefærpasta og hvitløkspasta. Stek på middels varme i 1-2 minutter.

- Tilsett lam og salt. Stek i 5-6 minutter.

- Tilsett vann og bland godt. Dekk til med lokk og kok i 40 minutter, rør av og til. Sett den til side.

- Varm opp gjenværende ghee i en annen panne. Tilsett løken og stek på middels varme til den er gjennomsiktig.

- Tilsett chilipulver, garam masala, sukkervann, grønn chili og malt mandel. Fortsett å steke i ett minutt.

- Tilsett yoghurten og bland godt. Kok blandingen i 6-7 minutter, rør godt.

- Tilsett denne blandingen til lammeblandingen. Bland godt. Dekk til med lokk og kok i 5 minutter, rør av og til.

- Pynt med korianderblader og safran. Serveres varm.

lam med grønnsaker

4 porsjoner

Ingredienser

675g / 1½lb lam, hakket i 2,5 cm / 1in biter

salt etter smak

½ ts malt svart pepper

5 ss raffinert vegetabilsk olje

2 laurbærblader

4 kapsler grønn kardemomme

4 nellik

2,5 cm / 1 tommer kanel

2 store løk, finhakket

1 ts safran

1 ss malt spisskummen

1 ts chilipulver

1 ts ingefærpasta

1 ts hvitløkspasta

2 hakkede tomater

200 g / 7 oz erter

1 ts bukkehornkløverfrø

Blomkålbuketter 200g / 7oz

500ml / 16fl oz vann

200 g / 7 oz yoghurt

10 g / ¼ oz korianderblader, finhakket

Metode

- Mariner lammet med salt og pepper i 30 minutter.

- Varm oljen i en panne. Tilsett laurbærblad, kardemomme, nellik og kanel. La dem bable i 30 sekunder.

- Tilsett løk, gurkemeie, spisskummen, chilipulver, ingefærpasta og hvitløkspasta. Stek dem på middels varme i 1-2 minutter.

- Tilsett det marinerte lammet og stek i 6-7 minutter, rør av og til.

- Tilsett tomater, erter, bukkehornkløverfrø og blomkålbuketter. Stek i 3-4 minutter.

- Tilsett vann og bland godt. Dekk med lokk og kok i 20 minutter.

- Avdekk pannen og tilsett yoghurten. Rør godt i ett minutt, dekk til igjen og kok i 30 minutter, rør av og til.

- Pynt med korianderblader. Serveres varm.

Karribiff med poteter

4 porsjoner

Ingredienser

6 korn sort pepper

3 nelliker

2 kapsler svart kardemomme

2,5 cm / 1 tommer kanel

1 ts spisskummen frø

4 ss raffinert vegetabilsk olje

3 store løk, finhakket

¼ teskje safran

1 ts chilipulver

1 ts ingefærpasta

1 ts hvitløkspasta

750g / 1lb 10oz hakket biff

2 hakkede tomater

3 store poteter, kuttet i terninger

½ ts garam masala

1 ss sitronsaft

salt etter smak

1 liter vann

1 ss korianderblader, finhakket

Metode

- Mal pepperkorn, nellik, kardemomme, kanel og spisskummen til et fint pulver. Sett den til side.

- Varm oljen i en panne. Tilsett løken og stek på middels varme til den er gylden.

- Tilsett kvernet fedd pepperpulver, gurkemeie, chilipulver, ingefærpasta og hvitløkspasta. Stek i et minutt.

- Tilsett kjøttdeig og fres i 5-6 minutter.

- Tilsett tomater, poteter og garam masala. Bland godt og kok i 5-6 minutter.

- Tilsett sitronsaft, salt og vann. Dekk til med lokk og kok i 45 minutter, rør av og til.

- Pynt med korianderblader. Serveres varm.

Krydret lam Masala

4 porsjoner

Ingredienser

675g / 1½lb lam, hakket

3 store løk, i skiver

750 ml / 1¼ halvliter vann

salt etter smak

4 ss raffinert vegetabilsk olje

4 laurbærblader

¼ ts spisskummen frø

¼ ts sennepsfrø

1 ts ingefærpasta

1 ts hvitløkspasta

2 grønne paprika, hakket

1 ss malte peanøtter

1 ss chana dhal*, stekt og tørr bakken

1 ts chilipulver

¼ teskje safran

1 ts garam masala

1 sitronsaft

50 g / 1¾oz korianderblader, finhakket

Metode

- Bland lammet med løk, vann og salt. Kok denne blandingen i en panne på middels varme i 40 minutter. Sett den til side.

- Varm oljen i en panne. Tilsett laurbærbladene, spisskummen og sennepsfrøene. La dem bable i 30 sekunder.

- Tilsett ingefærpasta, hvitløkspasta og grønn chili. Stek dem på middels varme i ett minutt under konstant omrøring.

- Tilsett malte peanøtter, chana dhal, chilipulver, gurkemeie og garam masala. Fortsett å steke i 1-2 minutter.

- Tilsett lammeblandingen. Bland godt. Dekk til med lokk og kok i 45 minutter, rør av og til.

- Dryss limejuice og korianderblader på toppen og server varm.

rogan josh

(Kashmiri lammekarri)

4 porsjoner

Ingredienser

1 sitronsaft

200 g / 7 oz yoghurt

salt etter smak

Lam 750g / 1lb 10oz, hakket i 2,5 cm / 1in biter

75 g / 2½ oz ghee pluss ekstra for steking

2 store løk, fine skiver

2,5 cm / 1 tommer kanel

3 nelliker

4 kapsler grønn kardemomme

1 ts ingefærpasta

1 ts hvitløkspasta

1 ts malt koriander

1 ts malt spisskummen

3 store tomater, finhakket

750 ml / 1¼ halvliter vann

10 g / ¼ oz korianderblader, finhakket

Metode

- Bland sitronsaft, yoghurt og salt. Mariner lammet med denne blandingen i en time.

- Varm opp ghee til steking i en stekepanne. Tilsett løken og stek på middels varme til den er gylden. Løp og bestill.

- Varm opp gjenværende ghee i en panne. Tilsett kanel, nellik og kardemomme. La dem pludre i 15 sekunder.

- Tilsett det marinerte lammet og stek på middels varme i 6-7 minutter.

- Tilsett ingefærpasta og hvitløkspasta. Stek i 2 minutter.

- Tilsett malt koriander, malt spisskummen og tomat, bland godt og kok videre i et minutt til.

- Tilsett vannet. Dekk til med lokk og kok i 40 minutter, rør av og til.

- Pynt med korianderblader og stekt løk. Serveres varm.

Grillet svineribbe

4 porsjoner

Ingredienser

6 grønne paprika

5 cm / 2 in. fra ingefærrot

15 fedd hvitløk

¼ liten rå papaya, knust

200 g / 7 oz yoghurt

2 ss raffinert vegetabilsk olje

2 ss sitronsaft

salt etter smak

750g / 1lb 10oz spareribs, kuttet i 4 stykker

Metode

- Mal grønn chili, ingefær, hvitløk og rå papaya med nok vann til å danne en tykk pasta.

- Bland denne pastaen med de resterende ingrediensene bortsett fra ribba. Mariner ribba i denne blandingen i 4 timer.

- Grill den marinerte ribben i 40 minutter, snu av og til. Serveres varm.

Biff med kokosmelk

4 porsjoner

Ingredienser

5 ss raffinert vegetabilsk olje

675 g biff, hakket i 5 cm strimler

3 store løk, finhakket

8 hakkede hvitløksfedd

2,5 cm / 1 tommer. Ingefærrot, finhakket

2 grønne paprika, kuttet på langs

2 ts malt koriander

2 ts malt spisskummen

2,5 cm / 1 tommer kanel

salt etter smak

500ml / 16fl oz vann

500ml / 16fl oz kokosmelk

Metode

- Varm 3 ss olje i en panne. Tilsett kjøttstrimlene gradvis og stek på svak varme i 12-15 minutter, snu av og til. Løp og bestill.

- Varm opp den resterende oljen i en panne. Tilsett løk, hvitløk, ingefær og grønn pepper. Stek på middels varme i 2-3 minutter.

- Tilsett strimlene av stekt kjøtt, malt koriander, malt spisskummen, kanel, salt og vann. Kok i 40 minutter.

- Tilsett kokosmelk. Kok i 20 minutter, rør konstant. Serveres varm.

svinekjøtt kebab

4 porsjoner

Ingredienser

100 ml / 3½ fl oz sennepsolje

3 ss sitronsaft

1 liten løk, finhakket

2 ts hvitløkspasta

1 ts sennepspulver

1 ts malt svart pepper

salt etter smak

600 g / 1 lb 5 oz beinfritt svinekjøtt, hakket i 3,5 cm / 1½-tommers biter

Metode

- Bland alle ingrediensene unntatt svinekjøtt. Mariner svinekjøttet i denne blandingen over natten.

- Spidd det marinerte svinekjøttet og grill i 30 minutter. Serveres varm.

Biff Chili Fry

4 porsjoner

Ingredienser

750g / 1lb 10oz biff, hakket i 2,5 cm / 1in biter

6 korn sort pepper

3 store løk, i skiver

1 liter vann

salt etter smak

4 ss raffinert vegetabilsk olje

2,5 cm / 1 tommer. Ingefærrot, finhakket

8 hakkede hvitløksfedd

4 grønne paprika

1 ss sitronsaft

50 g / 1 oz korianderblader

Metode

- Bland kjøttet med pepperkornene, 1 løk, vann og salt. Kok denne blandingen i en panne på middels varme i 40 minutter. Løp og bestill. Reserver lageret.

- Varm oljen i en panne. Stek de resterende løkene på middels varme til de er gyldenbrune. Tilsett ingefær, hvitløk og grønn pepper. Stek i 4-5 minutter.

- Tilsett sitronsaft og kjøttblanding. Fortsett å koke i 7-8 minutter. Legg til reservert lager.

- Dekk til med lokk og kok i 40 minutter, rør av og til. Tilsett korianderbladene og bland godt. Serveres varm.

Biff Scotch Egg

4 porsjoner

Ingredienser

500g / 1lb 2oz biff, hakket

salt etter smak

1 liter vann

3 ss besan*

1 sammenvispet egg

25g / snaut 1oz mynteblader, finhakket

25g / snaut 1oz korianderblader, hakket

8 kokte egg

Raffinert vegetabilsk olje til steking

Metode

- Bland kjøttet med salt og vann. Kok i en panne på lav varme i 45 minutter. Mal til en pasta og bland med besan, sammenpisket egg, mynte og korianderblader. Bland de kokte eggene med denne blandingen.
- Varm oljen i en stekepanne. Tilsett de innpakkede eggene og stek på middels varme til de er gyldenbrune. Serveres varm.

Malabar tørket kjøtt

4 porsjoner

Ingredienser

675 g / 1½ lb biff, i terninger

4 ss raffinert vegetabilsk olje

3 store løk, i skiver

1 tomat, hakket

100 g / 3½ oz tørket kokosnøtt

1 ts chilipulver

1 ts garam masala

1 ts malt koriander

1 ts malt spisskummen

salt etter smak

1 liter vann

For krydderblandingen:

3,5 cm / 1½ in. ingefærrot

6 grønne paprika

1 ss malt koriander

10 karriblader

1 ss hvitløkspasta

Metode

- Mal alle krydderblandingsingrediensene sammen til en tykk pasta. Mariner kjøttet med denne blandingen i en time.
- Varm oljen i en panne. Stek løken på middels varme til den er gylden. Tilsett kjøtt og stek i 6-7 minutter.
- Tilsett de resterende ingrediensene. Kok i 40 minutter og server varm.

Moghlai lammekoteletter

4 porsjoner

Ingredienser

5 cm / 2 in. fra ingefærrot

8 fedd hvitløk

6 tørkede røde paprika

2 ts sitronsaft

salt etter smak

8 lammekoteletter, strimlet og flatt

150 g / 5½ oz ghee

2 store poteter, skåret i skiver og stekt

2 store løk

Metode

- Mal ingefær, hvitløk og rød pepper med sitronsaft, salt og nok vann til å danne en jevn pasta. Mariner kotelettene med denne blandingen i 4-5 timer.
- Varm opp ghee i en stekepanne. Tilsett de marinerte kotelettene og stek på middels varme i 8-10 minutter.
- Tilsett løken og de stekte potetene. Kok i 15 minutter. Serveres varm.

Kjøtt med okra

4 porsjoner

Ingredienser

4½ ss raffinert vegetabilsk olje

200 g / 7 oz okra

2 store løk, finhakket

2,5 cm / 1 tommer. Ingefærrot, finhakket

4 hakkede hvitløksfedd

750g / 1lb 10oz biff, hakket i 2,5 cm / 1in biter

4 tørkede røde paprika

1 ss malt koriander

½ spiseskje malt spisskummen

1 ts garam masala

2 hakkede tomater

salt etter smak

1 liter vann

Metode

- Varm 2 ss olje i en panne. Tilsett okraen og stek på middels varme til den er sprø og gylden. Løp og bestill.
- Varm opp den resterende oljen i en panne. Stek løken på middels varme til den er gjennomsiktig. Tilsett ingefær og hvitløk. Stek i et minutt.
- Tilsett kjøttet. Stek i 5-6 minutter. Tilsett alle de resterende ingrediensene og okra. Kok i 40 minutter under konstant omrøring. Serveres varm.

Biff Baffad

(Biff tilberedt med kokos og eddik)

4 porsjoner

Ingredienser

675 g / 1½ lb biff, i terninger

salt etter smak

1 liter vann

1 ts safran

½ ts sort pepper

½ ts spisskummen frø

5-6 nelliker

2,5 cm / 1 tommer kanel

12 finhakkede hvitløksfedd

2,5 cm / 1 tommer. Ingefærrot, finhakket

100 g / 3½ oz fersk kokosnøtt, revet

6 ss malteddik

5 ss raffinert vegetabilsk olje

2 store løk, finhakket

Metode

- Bland kjøttet med salt og vann og stek i en panne på middels varme i 45 minutter, rør av og til. Sett den til side.
- Mal de resterende ingrediensene unntatt olje og løk.
- Varm oljen i en panne. Tilsett jordblandingen og løken.
- Stek på middels varme i 3-4 minutter. Tilsett kjøttblandingen. Kok i 20 minutter, rør av og til. Serveres varm.

Badami Gosht

(lam med mandler)

4 porsjoner

Ingredienser

5 ss ghee

3 store løk, finhakket

12 knuste hvitløksfedd

3,5 cm / 1½ in. Ingefærrot, finhakket

750g / 1lb 10oz lam, hakket

75 g / 2½ oz malte mandler

1 ss garam masala

salt etter smak

250 g yoghurt

360ml / 12fl oz kokosmelk

500ml / 16fl oz vann

Metode

- Varm opp ghee i en panne. Tilsett alle ingrediensene unntatt yoghurt, kokosmelk og vann. Bland godt. Stek på lav varme i 10 minutter.
- Tilsett de resterende ingrediensene. Kok i 40 minutter. Serveres varm.

Indisk roastbiff

4 porsjoner

Ingredienser

30 g / 1 oz cheddarost, revet

½ ts malt svart pepper

1 ts chilipulver

10 g / ¼ oz korianderblader, hakket

10g / ¼ oz mynteblader, finhakket

1 ts ingefærpasta

1 ts hvitløkspasta

25 g / 1 oz brødsmuler

1 sammenvispet egg

salt etter smak

675 g / 1½ lb beinfri storfekjøtt, flatet og kuttet i 8 stykker

5 ss raffinert vegetabilsk olje

500ml / 16fl oz vann

Metode

- Bland alle ingrediensene unntatt kjøtt, olje og vann.
- Påfør denne blandingen på den ene siden av hvert kjøttstykke. Rull hver enkelt sammen og bind med hyssing for å forsegle.
- Varm oljen i en panne. Tilsett rundstykkene og stek på middels varme i 8 minutter. Tilsett vann og bland godt. Kok i 30 minutter. Serveres varm.

Khatta Pudina koteletter

(krydret myntekoteletter)

4 porsjoner

Ingredienser

1 ts malt spisskummen

1 ss kvernet hvit pepper

2 ts garam masala

5 ts sitronsaft

4 ss enkelt krem

150 g / 5½ oz yoghurt

250ml / 8fl oz myntechutney

2 ss maismel

¼ liten papaya, knust

1 ss hvitløkspasta

1 ss ingefærpasta

1 ts malt bukkehornkløver

salt etter smak

675 g / 1½ lb lammekoteletter

Raffinert vegetabilsk olje for basting

Metode

- Bland alle ingrediensene unntatt lammekoteletter og olje. Mariner kotelettene i denne blandingen i 5 timer.
- Drypp kotelettene med olivenolje og grill i 15 minutter. Serveres varm.

Indisk biff

4 porsjoner

Ingredienser

675g / 1½lb kjøtt, skåret i skiver for biffer

3,5 cm / 1½ in. Ingefærrot, finhakket

12 finhakkede hvitløksfedd

2 ss malt svart pepper

4 mellomstore løk, hakket

4 grønne paprika, finhakket

3 ss eddik

750 ml / 1¼ halvliter vann

salt etter smak

5 ss raffinert vegetabilsk olje pluss ekstra til steking

Metode

- Bland alle ingrediensene, bortsett fra oljen til steking, i en panne.
- Dekk til med et tett lokk og kok i 45 minutter, rør av og til.
- Varm opp resten av oljen i en panne. Tilsett kokt biffblanding og fres på middels varme i 5-7 minutter, snu av og til. Serveres varm.

Lam i grønn saus

4 porsjoner

Ingredienser

4 ss raffinert vegetabilsk olje

3 store løk, revet

1½ ts ingefærpasta

1 ts hvitløkspasta

675g / 1½lb lam, hakket i 2,5 cm / 1in biter

½ ts kanelpulver

½ ts malt nellik

½ ts malt svart kardemomme

6 tørkede røde paprika, malt

2 ts malt koriander

½ ts malt spisskummen

10 g / ¼ oz korianderblader, finhakket

4 tomater, purerte

salt etter smak

500ml / 16fl oz vann

Metode

- Varm oljen i en panne. Tilsett løk, ingefærpasta og hvitløkspasta. Stek på middels varme i 2-3 minutter.

- Tilsett alle de resterende ingrediensene unntatt vann. Bland godt og stek i 8-10 minutter. Tilsett vannet. Dekk til med lokk og kok i 40 minutter, rør av og til. Serveres varm.

Enkel lammekjøttdeig

4 porsjoner

Ingredienser

3 ss sennepsolje

2 store løk, finhakket

7,5 cm / 3 tommer rot ingefær, finhakket

2 ts grovkvernet sort pepper

2 ts malt spisskummen

salt etter smak

1 ts safran

750g / 1lb 10oz kjøttdeig

500ml / 16fl oz vann

Metode

- Varm oljen i en panne. Tilsett løk, ingefær, pepper, spisskummen, salt og gurkemeie. Stek i 2 minutter. Tilsett kjøttdeig. Stek i 8-10 minutter.
- Tilsett vannet. Bland godt og kok i 30 minutter. Serveres varm.

Svinekjøtt Sorpotel

(Svinelever kokt i Goan saus)

4 porsjoner

Ingredienser

250ml / 8fl oz malteddik

8 tørkede røde paprika

10 korn sort pepper

1 ts spisskummen frø

1 ss korianderfrø

1 ts safran

500 g / 1 lb 2 oz svinekjøtt

250 g / 9 oz lever

salt etter smak

1 liter vann

120ml / 4fl oz raffinert vegetabilsk olje

5 cm / 2 in. Ingefærrot, fint skåret

20 hakkede hvitløksfedd

6 grønne paprika, kuttet på langs

Metode

- Mal halvparten av eddiken med rød pepper, pepper, spisskummen, korianderfrø og gurkemeie til en fin deig. Sett den til side.
- Bland svinekjøtt og lever med salt og vann. Kok i en panne i 30 minutter. Tøm og reserver lageret. Skjær svinekjøttet og leveren i terninger. Sett den til side.
- Varm oljen i en panne. Tilsett kjøttdeig og stek på svak varme i 12 minutter. Tilsett pastaen og alle de resterende ingrediensene. Bland godt.
- Stek i 15 minutter. Legg til lager. Kok i 15 minutter. Serveres varm.

hermetisert lam

4 porsjoner

Ingredienser

750g / 1lb 10oz lam, hakket i tynne strimler

salt etter smak

1 liter vann

6 ss raffinert vegetabilsk olje

1 ts safran

4 ss sitronsaft

2 ss malt spisskummen, tørrstekt

4 ss malte sesamfrø

7,5 cm / 3 tommer rot ingefær, finhakket

12 finhakkede hvitløksfedd

Metode

- Bland lammet med salt og vann og stek i en panne på middels varme i 40 minutter. Løp og bestill.
- Varm oljen i en stekepanne. Tilsett lammet og stek på middels varme i 10 minutter. Hell av og bland med de resterende ingrediensene. Serveres kaldt.

haleem

(kokt lam i persisk stil)

4 porsjoner

Ingredienser

500g / 1lb 2oz hvete, bløtlagt i 2-3 timer og drenert

1,5 liter / 2¾ halvliter vann

salt etter smak

500g / 1lb 2oz lam, hakket

4-5 ss ghee

3 store løk, i skiver

1 ts ingefærpasta

1 ts hvitløkspasta

1 ts safran

1 ts garam masala

Metode

- Bland hveten med 250ml vann og litt salt. Kok i en panne på middels varme i 30 minutter. Elsker godt og bok.

- Kok lammet med resten av vannet og salt i en panne i 45 minutter. Tøm og mal til en fin pasta. Reserver lageret.

- Varm opp gheen. Stek løken på svak varme til den er gylden. Tilsett ingefærpasta, hvitløkspasta, gurkemeie og kjøttdeig. Stek i 8 minutter. Tilsett hveten, buljongen og garam masala. Kok i 20 minutter. Serveres varm.

Grønn Masala lammekoteletter

4 porsjoner

Ingredienser

675g / 1½lb lammekoteletter

salt etter smak

1 ts safran

500ml / 16fl oz vann

2 ss malt koriander

1 ts malt spisskummen

1 ss ingefærpasta

1 ss hvitløkspasta

100 g / 3½ oz korianderblader, malt

1 ts sitronsaft

1 ts malt svart pepper

1 ts garam masala

60g / 2oz vanlig hvitt mel

Raffinert vegetabilsk olje til steking

2 piskede egg

50 g / 1¾oz brødsmuler

Metode

- Bland lammet med salt, safran og vann. Kok i en panne på middels varme i 30 minutter. Løp og bestill.
- Bland resten av ingrediensene unntatt mel, olje, egg og brødsmuler.
- Dekk kotelettene med denne blandingen og dryss med mel.
- Varm oljen i en stekepanne. Dypp kotelettene i egget, rull i brødsmuler og frityrstek til de er gyldenbrune. Snu og gjenta. Serveres varm.

Bukkehornkløver lammelever

4 porsjoner

Ingredienser

4 ss raffinert vegetabilsk olje

2 store løk, finhakket

¾ teskje ingefærpasta

¾ teskje hvitløkspasta

50 g / 1¾oz bukkehornkløverblader, hakket

600g / 1lb 5oz lammelever, hakket

3 tomater, finhakket

1 ts garam masala

120ml / 4fl oz varmt vann

1 ss sitronsaft

salt etter smak

Metode

- Varm oljen i en panne. Stek løken på middels varme til den er gjennomsiktig. Tilsett ingefærpasta og hvitløkspasta. Stek i 1-2 minutter.
- Tilsett bukkehornkløverblader og lever. Stek i 5 minutter.
- Tilsett de resterende ingrediensene. Kok i 40 minutter og server varm.

Hussaini biff

(Biff tilberedt i nord-indisk stil saus)

4 porsjoner

Ingredienser

4 ss raffinert vegetabilsk olje

675g / 1½ lb biff, finhakket

125 g / 4½ oz yoghurt

salt etter smak

750 ml / 1¼ halvliter vann

For krydderblandingen:

4 store løk

8 fedd hvitløk

2,5 cm / 1 tommer. ingefærrot

2 ts garam masala

1 ts safran

2 ts malt koriander

1 ts malt spisskummen

Metode

- Mal ingrediensene til krydderblandingen til en tykk pasta.
- Varm oljen i en panne. Tilsett pastaen og stek på middels varme i 4-5 minutter. Tilsett kjøttet. Bland godt og stek i 8-10 minutter.
- Tilsett yoghurt, salt og vann. Bland godt. Dekk til med lokk og kok i 40 minutter, rør av og til. Serveres varm.

Lamb Methi

(Lam med bukkehornkløver)

4 porsjoner

Ingredienser

120ml / 4fl oz raffinert vegetabilsk olje

1 stor løk, kuttet i tynne skiver

6 hakkede hvitløksfedd

600g / 1lb 5oz lam, hakket

50 g / 1¾oz friske bukkehornkløverblader, finhakket

½ ts safran

1 ts malt koriander

125 g / 4½ oz yoghurt

600ml / 1 liter vann

½ ts malt grønn kardemomme

salt etter smak

Metode

- Varm oljen i en panne. Tilsett løk og hvitløk og stek på middels varme i 4 minutter.
- Tilsett lammet. Stek i 7-8 minutter. Tilsett de resterende ingrediensene. Bland godt og kok i 45 minutter. Serveres varm.

Biff Indad

(Biff tilberedt i saus i østindisk stil)

4 porsjoner

Ingredienser

675 g / 1½ lb biff, hakket

2,5 cm / 1 tommer kanel

6 nelliker

salt etter smak

1 liter vann

5 ss raffinert vegetabilsk olje

3 store poteter i skiver

For krydderblandingen:

60ml / 2fl oz malteddik

3 store løk

2,5 cm / 1 tommer. ingefærrot

8 fedd hvitløk

½ ts safran

2 tørkede røde paprika

2 ts spisskummen frø

Metode

- Bland kjøttet med kanel, nellik, salt og vann. Kok i en panne på middels varme i 45 minutter. Sett den til side.
- Mal ingrediensene til krydderblandingen til en tykk pasta.
- Varm oljen i en panne. Tilsett krydderblandingspasta og stek på lav varme i 5-6 minutter. Tilsett kjøtt og poteter. Bland godt. Kok i 15 minutter og server varm.

lammegryte

4 porsjoner

Ingredienser

3 ss raffinert vegetabilsk olje

2 store løk, finhakket

4 hakkede hvitløksfedd

500g / 1lb 2oz lam, hakket

2 ts malt spisskummen

6 ss tomatpuré

150 g / 5½ oz hermetiske bønner

250ml / 8fl oz oksekjøttkraft

Malt svart pepper etter smak

salt etter smak

Metode

- Varm oljen i en panne. Tilsett løk og hvitløk og stek på middels varme i 2-3 minutter. Tilsett kjøttdeig og stek i 10 minutter. Tilsett de resterende ingrediensene. Bland godt og kok i 30 minutter.
- Overfør til et ildfast materiale. Stek ved 180°C (350°F, gassmerke 4) i 25 minutter. Serveres varm.

Lam med kardemommesmak

4 porsjoner

Ingredienser

salt etter smak

200 g / 7 oz yoghurt

1½ ss ingefærpasta

2½ ts hvitløkspasta

2 ss malt grønn kardemomme

675 g / 1½ lb lam, kuttet i 3,5 cm / 1½ tommers biter

6 ss ghee

6 nelliker

7,5 cm / 3in kanel, grovmalt

4 store løk, finskåret

½ ts gurkemeie, dynket i 2 ss melk

1 liter vann

125 g / 4½ oz ristede valnøtter

Metode

- Bland salt, yoghurt, ingefærpasta, hvitløkspasta og kardemomme. Mariner kjøttet med denne blandingen i 2 timer.
- Varm opp ghee i en panne. Tilsett nellik og kanel. La dem pludre i 15 sekunder.
- Tilsett løkene. Stek i 3-4 minutter. Tilsett det marinerte kjøttet, safran og vann. Bland godt. Dekk til med lokk og kok i 40 minutter.
- Serveres varm, pyntet med valnøtter.

Kheema

(Kjøttdeig)

4 porsjoner

Ingredienser

5 ss raffinert vegetabilsk olje

4 store løk, finhakket

1 ts ingefærpasta

1 ts hvitløkspasta

3 tomater, finhakket

2 ts garam masala

200 g / 7 oz frosne erter

salt etter smak

675 g / 1½ lb biff, hakket

500ml / 16fl oz vann

Metode

- Varm oljen i en panne. Tilsett løken og stek på middels varme til den er gylden. Tilsett ingefærpasta, hvitløkspasta, tomater, garam masala, erter og salt. Bland godt. Stek i 3-4 minutter.
- Tilsett kjøtt og vann. Bland godt. Kok i 40 minutter og server varm.

Krydret svinekjøtt Frittata

4 porsjoner

Ingredienser

675 g / 1½ lb svinekjøtt, i terninger

2 store løk, finhakket

1 ts raffinert vegetabilsk olje

1 liter vann

salt etter smak

For krydderblandingen:

250ml / 8fl oz eddik

2 store løk

1 ss ingefærpasta

1 ss hvitløkspasta

1 ss malt svart pepper

1 ss grønn pepper

1 ss safran

1 ss chilipulver

1 spiseskje nellik

5 cm / 2in kanel

1 ss grønne kardemommebelger

Metode

- Mal ingrediensene til krydderblandingen til en tykk pasta.
- Bland med de resterende ingrediensene i en kjele. Dekk til med et tett lokk og kok i 50 minutter. Serveres varm.

Tandoori Raan

(krydret lammelår tilberedt i en Tandoor)

4 porsjoner

Ingredienser

675 g / 1½ lb lammelår

400 g yoghurt

2 ss sitronsaft

2 ts ingefærpasta

2 ts hvitløkspasta

1 ts malt nellik

1 ts kanelpulver

2 ts chilipulver

1 ts revet muskatnøtt

klype eple

salt etter smak

Raffinert vegetabilsk olje for basting

Metode
- Stikk hull i lammet med en gaffel.
- Bland de resterende ingrediensene godt, bortsett fra oljen. Mariner lammet med denne blandingen i 4-6 timer.
- Stek lammet i en ovn ved 180°C (350°F, gassmerke 4) i 1½-2 timer, tråkle av og til. Serveres varm.

Lam Talaa

(Stekt lam)

4 porsjoner

Ingredienser

675g / 1½lb lam, hakket i 5 cm / 2in biter

salt etter smak

1 liter vann

4 ss ghee

2 store løk, i skiver

For krydderblandingen:

8 tørkede paprika

1 ts safran

1½ ss garam masala

2 ts valmuefrø

3 store løk, finhakket

1 ts tamarindpasta

Metode

- Mal krydderblandingsingrediensene med vann for å lage en tykk pasta.
- Bland denne pastaen med kjøttet, salt og vann. Kok i en panne på middels varme i 40 minutter. Sett den til side.
- Varm opp ghee i en panne. Tilsett løken og stek på middels varme til den er gylden. Tilsett kjøttblandingen. Kok i 6-7 minutter og server varm.

tungestek

4 porsjoner

Ingredienser

900g / 2lb bifftunge

salt etter smak

1 liter vann

1 teskje ghee

3 store løk, finhakket

5 cm / 2 in. Ingefærrot, julienne

4 hakkede tomater

125 g / 4½ oz frosne erter

10g / ¼ oz mynteblader, finhakket

1 ts malteddik

1 ts malt svart pepper

½ spiseskje garam masala

Metode

- Legg tungen i en panne med salt og vann og kok på middels varme i 45 minutter. Hell av og la avkjøles litt. Skrell skinnet og skjær i strimler. Sett den til side.
- Varm opp ghee i en panne. Tilsett løk og ingefær og stek på middels varme i 2-3 minutter. Tilsett kokt tunge og alle de resterende ingrediensene. Kok i 20 minutter. Serveres varm.

Friterte fårekjøttruller

4 porsjoner

Ingredienser

75 g / 2½ oz cheddarost, revet

½ ts malt svart pepper

1 ts ingefærpasta

1 ts hvitløkspasta

3 piskede egg

50g / 1¾oz korianderblader, hakket

100 g / 3½ oz brødsmuler

salt etter smak

675 g / 1½ lb beinfritt lam, kuttet i 10 cm / 10 cm biter og flatet

4 ss ghee

250ml / 8fl oz vann

Metode

- Bland alle ingrediensene unntatt kjøtt, ghee og vann. Påfør blandingen på den ene siden av kjøttstykkene. Rull hver del stramt og surr med hyssing.
- Varm opp ghee i en stekepanne. Tilsett lammerullene og stek på middels varme til de er gyldenbrune. Tilsett vannet. Kok i 15 minutter og server varm.

Masala leveryngel

4 porsjoner

Ingredienser

4 ss raffinert vegetabilsk olje

675g / 1½lb lammelever, kuttet i 5 cm / 2in strimler

2 ss ingefær, julienne

15 hakkede hvitløksfedd

8 grønne paprika, kuttet på langs

2 ts malt spisskummen

1 ts safran

125 g / 4½ oz yoghurt

1 ts malt svart pepper

salt etter smak

50g / 1¾oz korianderblader, hakket

1 sitronsaft

Metode

- Varm oljen i en panne. Tilsett leverstrimlene og stek på middels varme i 10-12 minutter.
- Tilsett ingefær, hvitløk, grønn pepper, spisskummen og gurkemeie. Stek i 3-4 minutter. Tilsett yoghurt, pepper og salt. Stek i 6-7 minutter.
- Tilsett korianderblader og limesaft. Stek på lav varme i 5-6 minutter. Serveres varm.

krydret bifftunge

4 porsjoner

Ingredienser

900g / 2lb bifftunge

salt etter smak

1,5 liter / 2¾ halvliter vann

2 ts spisskummen frø

12 fedd hvitløk

5 cm / 2in kanel

4 nellik

6 tørkede røde paprika

8 sorte pepperkorn

6 ss malteddik

3 ss raffinert vegetabilsk olje

2 store løk, finhakket

3 tomater, finhakket

1 ts safran

Metode

- Kok tungen med saltet og 1,2 liter vann i en panne på svak varme i 45 minutter. Skrell av huden. Skjær tungene i terninger og sett til side.
- Mal spisskummen frø, hvitløk, kanel, nellik, tørket rød pepper og pepperkorn med eddik for å lage en jevn pasta. Sett den til side.
- Varm oljen i en panne. Stek løken på middels varme til den er gjennomsiktig. Tilsett malt pasta, tunge i terninger, tomater, gurkemeie og resten av vannet. Kok i 20 minutter og server varm.

lammepasandas

(Lammekebab med yoghurtsaus)

4 porsjoner

Ingredienser

½ spiseskje raffinert vegetabilsk olje

3 store løk, kuttet på langs

¼ liten grønn papaya, knust

200 g / 7 oz yoghurt

2 ts garam masala

salt etter smak

750 g / 1 lb 10 oz beinfritt lam, hakket i 5 cm / 2 i biter

Metode

- Varm oljen i en panne. Stek løken på svak varme til den er gylden.
- Hell av og hakk løken til en pasta. Bland med de andre ingrediensene, unntatt lammet. Mariner lammet i denne blandingen i 5 timer.
- Legg i en paiform og stek ved 180°C (350°F, gassmerke 4) i 30 minutter. Serveres varm.

Lam og eple karri

4 porsjoner

Ingredienser

5 ss raffinert vegetabilsk olje

4 store løk, i skiver

4 store tomater, blanchert (se matlagingsteknikker)

½ ts hvitløkspasta

2 ts malt koriander

2 ts malt spisskummen

1 ts chilipulver

30g / 1oz cashewnøtter, malt

750 g / 1 lb 10 oz beinfritt lam, hakket i 2,5 cm / 1 i biter

200 g / 7 oz yoghurt

1 ts malt svart pepper

salt etter smak

750 ml / 1¼ halvliter vann

4 epler, kuttet i 1½-tommers / 3,5 cm biter

120ml / 4fl oz fersk enkeltkrem

Metode

- Varm oljen i en stekepanne. Stek løken på svak varme til den er gylden.
- Tilsett tomater, hvitløkspasta, koriander og spisskummen. Stek i 5 minutter.
- Tilsett de resterende ingrediensene unntatt vann, epler og fløte. Bland godt og stek i 8 til 10 minutter.
- Hell i vann. Kok i 40 minutter. Tilsett eplene og rør i 10 minutter. Tilsett fløten og rør i ytterligere 5 minutter. Serveres varm.

Andhra-stil tørt lam

4 porsjoner

Ingredienser

675g / 1½lb lam, hakket

4 store løk, finskåret

6 tomater, finhakket

1½ ts ingefærpasta

1½ ts hvitløkspasta

50g / 1¾oz fersk kokosnøtt, revet

2½ ss garam masala

½ ts malt svart pepper

1 ts safran

salt etter smak

500ml / 16fl oz vann

6 ss raffinert vegetabilsk olje

Metode

- Bland alle ingrediensene, unntatt oljen, sammen. Kok i en panne på middels varme i 40 minutter. Tøm kjøttet og kast buljongen.
- Varm oljen i en annen panne. Tilsett det kokte kjøttet og stek på middels varme i 10 minutter. Serveres varm.

Enkel biff karri

4 porsjoner

Ingredienser

3 ss raffinert vegetabilsk olje

2 store løk, finhakket

750g / 1lb 10oz biff, hakket i 2,5 cm / 1in biter

1 ts ingefærpasta

1 ts hvitløkspasta

1 ts chilipulver

½ ts safran

salt etter smak

300 g / 10 oz yoghurt

1,2 liter / 2 liter vann

Metode

- Varm oljen i en panne. Stek løken på svak varme til den er gylden.
- Tilsett de resterende ingrediensene unntatt yoghurt og vann. Stek i 6-7 minutter. Tilsett yoghurt og vann. Kok i 40 minutter. Serveres varm.

herregud korma

(Rik fårekjøtt i saus)

4 porsjoner

Ingredienser

3 ss valmuefrø

75 g / 2½ oz cashewnøtter

50 g / 1¾oz tørket kokosnøtt

3 ss raffinert vegetabilsk olje

1 stor løk, kuttet i tynne skiver

2 ss ingefærpasta

2 ss hvitløkspasta

675g / 1½lb beinfritt lam, hakket

200 g / 7 oz yoghurt

10 g / ¼ oz korianderblader, hakket

10g / ¼ oz mynteblader, hakket

½ ts garam masala

salt etter smak

1 liter vann

Metode

- Tørrstekte valmuefrø, cashewnøtter og kokos. Mal med nok vann til å danne en tykk pasta. Sett den til side.
- Varm oljen i en panne. Stek løk, ingefærpasta og hvitløkspasta på middels varme i 1-2 minutter.
- Tilsett valmuefrø og cashewnøttpasta og de resterende ingrediensene unntatt vann. Bland godt og stek i 5-6 minutter.
- Tilsett vannet. Kok i 40 minutter under konstant omrøring. Serveres varm.

erachi koteletter

(Møre lammekoteletter)

4 porsjoner

Ingredienser

750 g / 1 lb 10 oz lammekoteletter

salt etter smak

1 ts safran

1 liter vann

2 ss raffinert vegetabilsk olje

1 ts ingefærpasta

1 ts hvitløkspasta

3 store løk, i skiver

5 grønne paprika, kuttet på langs

2 store tomater, finhakket

½ ts malt koriander

1 ss malt svart pepper

1 ss sitronsaft

2 ss korianderblader, hakket

Metode

- Mariner lammekoteletter med salt og safran i 2-3 timer.
- Kok kjøttet med vannet på lav varme i 40 minutter. Sett den til side.
- Varm oljen i en panne. Tilsett ingefærpasta, hvitløkspasta, løk og grønn pepper og stek på middels varme i 3-4 minutter.
- Tilsett tomater, malt koriander og pepper. Bland godt. Stek i 5-6 minutter. Tilsett lammet og fres i 10 minutter.

- Pynt med sitronsaft og korianderblader. Serveres varm.

stekt kjøttdeig

4 porsjoner

Ingredienser

3 ss raffinert vegetabilsk olje

2 store løk, finhakket

6 hakkede hvitløksfedd

600g / 1lb 5oz lam, hakket

2 ts malt spisskummen

125 g / 4½ oz tomatpuré

Hermetiske bønner 600g / 1lb 5oz

Fårekjøtt 500ml / 16fl oz

½ ts malt svart pepper

salt etter smak

Metode

- Varm oljen i en panne. Tilsett løk og hvitløk. Stek på svak varme i 2-3 minutter. Tilsett de resterende ingrediensene. Kok i 30 minutter.
- Overfør til en ildfast form og stek ved 400 °F (200 °C, gassmerke 6) i 25 minutter. Serveres varm.

Kaleji Do Pyaaza

(Lever med løk)

4 porsjoner

Ingredienser

4 ss ghee

3 store løk, finhakket

2,5 cm / 1 tommer. Ingefærrot, finhakket

10 hakkede hvitløksfedd

4 grønne paprika, kuttet på langs

1 ts safran

3 tomater, finhakket

750g / 1lb 10oz lammelever, hakket

2 ts garam masala

200 g / 7 oz yoghurt

salt etter smak

250ml / 8fl oz vann

Metode

- Varm opp ghee i en panne. Tilsett løk, ingefær, hvitløk, grønn pepper og gurkemeie og stek på middels varme i 3-4 minutter. Tilsett alle de resterende ingrediensene unntatt vann. Bland godt. Stek i 7-8 minutter.
- Tilsett vannet. Kok i 30 minutter, rør av og til. Serveres varm.

Lam på beinet

4 porsjoner

Ingredienser

30g / 1oz mynteblader, finhakket

3 grønne paprika, finhakket

12 finhakkede hvitløksfedd

1 sitronsaft

675 g / 1½ lb lammelår, hakket i 4 biter

5 ss raffinert vegetabilsk olje

salt etter smak

500ml / 16fl oz vann

1 stor løk, finhakket

4 store poteter, kuttet i terninger

5 små auberginer, halvert

3 tomater, finhakket

Metode

- Mal myntebladene, grønn pepper og hvitløk med nok vann til å danne en jevn pasta. Tilsett sitronsaft og bland godt.
- La kjøttet marinere i denne blandingen i 30 minutter.
- Varm oljen i en panne. Tilsett det marinerte kjøttet og stek på svak varme i 8-10 minutter. Tilsett salt og vann og kok i 30 minutter.
- Tilsett alle de resterende ingrediensene. Kok i 15 minutter og server varm.

biff vindaloo

(Goa biff karri)

4 porsjoner

Ingredienser

3 store løk, finhakket

5 cm / 2 in. fra ingefærrot

10 fedd hvitløk

1 ss spisskummen frø

½ spiseskje malt koriander

2 ts rød pepper

½ ts bukkehornkløverfrø

½ ts sennepsfrø

60ml / 2fl oz malteddik

salt etter smak

675 g / 1½lb beinfri storfekjøtt, kuttet i 2,5 cm / 1in biter

3 ss raffinert vegetabilsk olje

1 liter vann

Metode

- Mal alle ingrediensene unntatt kjøtt, olje og vann til en tykk pasta. Mariner kjøttet med denne pastaen i 2 timer.
- Varm oljen i en panne. Tilsett det marinerte kjøttet og fres på lav varme i 7-8 minutter. Tilsett vannet. Kok i 40 minutter, rør av og til. Serveres varm.

biff karri

4 porsjoner

Ingredienser

4 ss raffinert vegetabilsk olje

3 store løk, revet

1½ spiseskje malt spisskummen

1 ts safran

1 ts chilipulver

½ spiseskje malt svart pepper

4 mellomstore tomater, purerte

675 g / 1½ lb magert biff, hakket i 2,5 cm / 1 i biter

salt etter smak

1½ ts tørkede bukkehornkløverblader

250ml / 8fl oz enkeltkrem

Metode

- Varm oljen i en panne. Tilsett løken og stek på middels varme til den er gylden.
- Tilsett de resterende ingrediensene unntatt bukkehornkløverblader og fløte.
- Bland godt og kok i 40 minutter. Tilsett bukkehornkløverblader og fløte. Kok i 5 minutter og server varm.

lam med gresskar

4 porsjoner

Ingredienser

750g / 1lb 10oz lam, hakket

200 g / 7 oz yoghurt

salt etter smak

2 store løk

2,5 cm / 1 tommer. ingefærrot

7 fedd hvitløk

5 ss ghee

¾ teskje safran

1 ts garam masala

2 laurbærblader

750 ml / 1¼ halvliter vann

400 g / 14 oz butternut squash, kokt og moset

Metode

- Mariner lammet med yoghurt og salt i 1 time.
- Mal løk, ingefær og hvitløk med nok vann til å danne en tykk pasta. Varm opp ghee i en panne. Tilsett pastaen sammen med safran og stek i 3-4 minutter.
- Tilsett garam masala, laurbærblad og lam. Stek i 10 minutter.
- Tilsett vann og gresskar. Kok i 40 minutter og server varm.

gushtaba

(lam i Kashmiri-stil)

4 porsjoner

Ingredienser

675g / 1½lb beinfritt lam

6 kapsler svart kardemomme

salt etter smak

4 ss ghee

4 store løk, kuttet i ringer

600 g / 1 lb 5 oz yoghurt

1 ts malte fennikelfrø

1 ss kanelpulver

1 ss malt nellik

1 ss knuste mynteblader

Metode

- Pisk lammet med kardemomme og salt til det er mykt. Del i 12 kuler og sett til side.
- Varm opp ghee i en panne. Stek løken på svak varme til den er gylden. Tilsett yoghurt og kok i 8 til 10 minutter, mens du rører kontinuerlig.
- Tilsett kjøttboller og alle resterende ingredienser unntatt mynteblader. Kok i 40 minutter. Server pyntet med mynteblader.

Lam med grønnsaker og blandede urter

4 porsjoner

Ingredienser

5 ss raffinert vegetabilsk olje

3 store løk, finhakket

750g / 1lb 10oz lam, hakket

50 g / 1 50 oz amarantblader*, finhakket

100 g / 3½ oz spinatblader, finhakket

50 g / 1¾oz bukkehornkløverblader, hakket

50 g / 1¾oz dillblader, finhakket

50g / 1¾oz korianderblader, hakket

1 ts ingefærpasta

1 ts hvitløkspasta

3 grønne paprika, finhakket

1 ts safran

2 ts malt koriander

1 ts malt spisskummen

salt etter smak

1 liter vann

Metode

- Varm oljen i en panne. Stek løken på middels varme til den er gylden. Tilsett de resterende ingrediensene unntatt vann. Stek i 12 minutter.
- Tilsett vannet. Kok i 40 minutter og server varm.

sitronaktig lam

4 porsjoner

Ingredienser

Lam 750g / 1lb 10oz, hakket i 2,5 cm / 1in biter

2 hakkede tomater

4 grønne paprika, finhakket

1 ts ingefærpasta

1 ts hvitløkspasta

2 ts garam masala

125 g / 4½ oz yoghurt

500ml / 16fl oz vann

salt etter smak

1 ss raffinert vegetabilsk olje

10 sjalottløk

3 ss sitronsaft

Metode

- Kast lammet med alle de resterende ingrediensene bortsett fra olje, sjalottløk og sitronsaft. Kok i en panne på middels varme i 45 minutter. Sett den til side.

- Varm oljen i en panne. Stek sjalottløken på svak varme i 5 minutter.
- Bland med lammekarrien og strø over sitronsaften. Serveres varm.

Pasanda av lam med mandler

(lammebiter med mandler i yoghurtsaus)

4 porsjoner

Ingredienser

120ml / 4fl oz raffinert vegetabilsk olje

4 store løk, finhakket

750 g / 1 lb 10 oz beinfritt lam, hakket i 5 cm / 2 i biter

3 tomater, finhakket

1 ts ingefærpasta

1 ts hvitløkspasta

2 ts malt spisskummen

1½ ts garam masala

salt etter smak

200 g / 7 oz gresk yoghurt

750 ml / 1¼ halvliter vann

25 mandler, grovhakkede

Metode

- Varm oljen i en panne. Tilsett løken og stek på lav varme i 6 minutter. Tilsett lammet og stek i 8 til 10 minutter. Tilsett de andre ingrediensene, unntatt yoghurt, vann og mandler. Stek i 5-6 minutter.
- Tilsett yoghurt, vann og halvparten av mandlene. Kok i 40 minutter under konstant omrøring. Server drysset med de resterende mandlene.

Stekt svinepølse med pepper

4 porsjoner

Ingredienser

2 ss olje

1 stor løk, i skiver

400 g / 14 oz svinepølse

1 grønn pepper, julienne

1 potet, kokt og hakket

½ ts ingefærpasta

½ ts hvitløkspasta

½ ts chilipulver

¼ teskje safran

10 g / ¼ oz korianderblader, hakket

salt etter smak

4 ss vann

Metode

- Varm oljen i en panne. Tilsett løken og stek i et minutt. Senk varmen og tilsett alle de andre ingrediensene bortsett fra vannet. Stek forsiktig i 10-15 minutter til pølsene er kokte.
- Tilsett vann og kok på lav varme i 5 minutter. Serveres varm.

Fårekjøtt Shah Jahan

(Fårekjøtt stuet i fyldig Moghlaisaus)

4 porsjoner

Ingredienser

5-6 ss ghee

4 store løk, i skiver

675g / 1½lb lam, hakket

1 liter vann

salt etter smak

8-10 mandler, knust

For krydderblandingen:

8 fedd hvitløk

2,5 cm / 1 tommer. ingefærrot

2 ts valmuefrø

50g / 1¾oz korianderblader, hakket

5 cm / 2in kanel

4 nellik

Metode

- Mal ingrediensene til krydderblandingen til en pasta. Sett den til side.
- Varm opp ghee i en panne. Stek løken på svak varme til den er gylden.
- Tilsett krydderblandingspastaen. Stek i 5-6 minutter. Tilsett fårekjøttet og fres i 18-20 minutter. Tilsett vann og salt. Kok i 30 minutter.
- Pynt med mandler og server varm.

fiskekebab

4 porsjoner

Ingredienser

1 kg / 2¼lb sverdfisk, flådd og filet

4 ss raffinert vegetabilsk olje pluss ekstra til steking

75 g / 2½ oz chana dhal*, bløtlagt i 250 ml / 9 oz vann i 30 minutter

3 nelliker

½ ts spisskummen frø

2,5 cm / 1 tommer. Ingefærrot, revet

10 fedd hvitløk

2,5 cm / 1 tommer kanel

2 kapsler svart kardemomme

8 sorte pepperkorn

4 tørkede røde paprika

¾ teskje safran

1 ss gresk yoghurt

1 ts sorte spisskummen frø

For fyllet:

2 tørkede fiken, finhakket

4 tørkede aprikoser, hakket

1 sitronsaft

10g / ¼ oz mynteblader, finhakket

10 g / ¼ oz korianderblader, finhakket

salt etter smak

Metode

- Stek fisken i en dampkoker på middels varme i 10 minutter. Sett den til side.

- Varm 2 ss olje i en panne. Tøm dhalen og stek den på middels varme til den er gyldenbrun.

- Bland dhal med nellik, spisskummen, ingefær, hvitløk, kanel, kardemomme, pepperkorn, rød pepper, gurkemeie, yoghurt og sort spisskummen. Mal denne blandingen med nok vann til å danne en jevn pasta. Sett den til side.

- Varm 2 ss olje i en panne. Tilsett denne pastaen og stek på middels varme i 4-5 minutter.

- Tilsett den dampede fisken. Bland godt og rør i 2 minutter.

- Del blandingen i 8 porsjoner og form hamburgere. Sett den til side.

- Bland alle farseingrediensene. Del opp i 8 porsjoner.

- Flat ut karbonadene og legg forsiktig en del av farsen på hver enkelt. Forsegl som en pose og rull igjen for å danne en ball. Klapp ballene.

- Varm oljen til steking i en stekepanne. Tilsett burgerne og stek dem på middels varme til de er gyldenbrune. Snu og gjenta.

- Hell av på absorberende papir og server varm.

Fiskekoteletter

4 porsjoner

Ingredienser

500g / 1lb 2oz breiflabbhale, uten skinn og filetert

500ml / 16fl oz vann

salt etter smak

1 ss raffinert vegetabilsk olje pluss ekstra til steking

1 ss ingefærpasta

1 ss hvitløkspasta

1 stor løk, finrevet

4 grønne paprika, revet

½ ts safran

1 ts garam masala

1 ts malt spisskummen

1 ts chilipulver

1 tomat, blanchert og skåret i skiver

25g / snaut 1oz korianderblader, finhakket

2 ss mynteblader, finhakket

400 g / 14 oz kokte erter

2 brødskiver, bløtlagt i vann og drenert

50 g / 1¾oz brødsmuler

Metode

- Ha fisken med vannet i en panne. Tilsett salt og la det småkoke på middels varme i 20 minutter. Løp og bestill.

- Til fyllet, varm 1 ss olje i en panne. Tilsett ingefærpasta, hvitløkspasta og løk. Stek på middels varme i 2-3 minutter.

- Tilsett grønn chili, gurkemeie, garam masala, spisskummen og chilipulveret. Stek i et minutt.

- Tilsett tomaten. Stek i 3-4 minutter.

- Tilsett korianderblader, mynteblader, erter og brødskiver. Bland godt. Kok på lav varme i 7-8 minutter, rør av og til. Fjern fra varmen og elt blandingen godt. Del i 8 like store deler og sett til side.

- Mos den kokte fisken og del i 8 porsjoner.

- Form hver del av fisken til en kopp og fyll med en del av farseblandingen. Forsegle som en pose, rull til en ball og form til en kotelett. Gjenta for de resterende delene av fisk og farse.

- Varm olje til steking i en panne. Dypp kotelettene i brødsmuler og stek på middels varme til de er gyldenbrune. Serveres varm.

Fisk Sookha

(tørket fisk med krydder)

4 porsjoner

Ingredienser

1 cm / ½ tommer ingefærrot

10 fedd hvitløk

1 ss korianderblader, finhakket

3 grønne paprika

1 ts safran

3 ts chilipulver

salt etter smak

1 kg / 2¼lb sverdfisk, flådd og filet

50 g / 1¾oz tørket kokosnøtt

6-7 kokum*, bløtlagt i 1 time i 120ml / 4fl oz vann

4 ss raffinert vegetabilsk olje

60ml / 2fl oz vann

Metode

- Bland ingefær, hvitløk, korianderblader, grønn chili, gurkemeie, chilipulver og salt. Mal denne blandingen til den danner en jevn pasta.

- La fisken marinere med pastaen i 1 time.

- Varm opp en panne. Tilsett kokos. Stek tørt på middels varme i ett minutt.

- Kast kokumbærene og tilsett kokumvannet. Bland godt. Fjern fra varmen og tilsett denne blandingen til den marinerte fisken.

- Varm oljen i en panne. Tilsett fiskeblandingen og stek på middels varme i 4-5 minutter.

- Tilsett vannet. Bland godt. Dekk til med lokk og kok i 20 minutter, rør av og til.

- Serveres varm.

Mahya Kalia

(Fisk med kokos, sesamfrø og peanøtter)

4 porsjoner

Ingredienser

100 g / 3½ oz fersk kokosnøtt, revet

1 ts sesamfrø

1 ss peanøtt

1 ss tamarindpasta

1 ts safran

1 ts malt koriander

salt etter smak

250ml / 8fl oz vann

500g / 1lb 2oz sverdfiskfileter

1 ss hakkede korianderblader

Metode

- Tørrsteik kokos, sesamfrø og peanøtter. Bland med tamarindpasta, gurkemeie, malt koriander og salt. Mal med nok vann til å danne en jevn pasta.

- Kok denne blandingen med resten av vannet i en panne på middels varme i 10 minutter, mens du rører konstant. Tilsett fiskefiletene og stek i 10-12 minutter. Pynt med korianderblader og server varm.

Reker Curry Rosachi

(Reker kokt med kokos)

4 porsjoner

Ingredienser

200g / 7oz fersk kokosnøtt, revet

5 røde paprika

1½ ts korianderfrø

1½ ts valmuefrø

1 ts spisskummen frø

½ ts safran

6 fedd hvitløk

120ml / 4fl oz raffinert vegetabilsk olje

2 store løk, finhakket

2 hakkede tomater

250 g / 9 oz reker, avskallede og årede

salt etter smak

Metode

- Mal kokosnøtt, chilipepper, koriander, valmuefrø, spisskummen, gurkemeie og hvitløk med nok vann til å danne en jevn pasta. Sett den til side.

- Varm oljen i en panne. Stek løken på svak varme til den er gylden.

- Tilsett malt kokosrød pepperpasta, tomater, reker og salt. Bland godt. Kok i 15 minutter, rør av og til. Serveres varm.

Fisk fylt med dadler og mandler

4 porsjoner

Ingredienser

4 ørreter, 250g / 9oz hver, skåret vertikalt

½ ts chilipulver

1 ts ingefærpasta

250 g friske dadler uten frø, blanchert og finhakket

75 g / 2½ oz mandler, blanchert og finhakket

2-3 ss dampet ris (se<u>her</u>)

1 teskje sukker

¼ teskje kanelpulver

½ ts malt svart pepper

salt etter smak

1 stor løk, kuttet i tynne skiver

Metode

- Mariner fisken med chilipulver og ingefærpasta i 1 time.

- Bland dadler, mandler, ris, sukker, kanel, pepper og salt. Elt til du danner en myk deig. Sett den til side.

- Fyll dadel-mandeldeigen inn i åpningene på den marinerte fisken. Legg den fylte fisken på et ark med aluminiumsfolie og strø over løken.

- Pakk fisken og løken inn i aluminiumsfolie og forsegl kantene godt.

- Stek ved 200°C (400°F, gassmerke 6) i 15-20 minutter. Pakk ut folien og stek fisken i ytterligere 5 minutter. Serveres varm.

Tandoori fisk

4 porsjoner

Ingredienser

1 ts ingefærpasta

1 ts hvitløkspasta

½ ts garam masala

1 ts chilipulver

1 ss sitronsaft

salt etter smak

500g / 1lb 2oz breiflabbhalefileter

1 ss chaat masala*

Metode

- Bland ingefærpasta, hvitløkspasta, garam masala, chilipulver, sitronsaft og salt.

- Lag snitt på fisken. Mariner med ingefær- og hvitløksblanding i 2 timer.

- Grill fisken i 15 minutter. Dryss over chaat masala. Serveres varm.

Fisk med grønnsaker

4 porsjoner

Ingredienser

750 g / 1 lb 10 oz laksefileter, uten skinn

½ ts safran

salt etter smak

2 ss sennepsolje

¼ ts sennepsfrø

¼ teskje fennikelfrø

¼ teskje løkfrø

¼ teskje bukkehornkløverfrø

¼ ts spisskummen frø

2 laurbærblader

2 tørkede røde paprika, halvert

1 stor løk, kuttet i tynne skiver

2 store grønne paprika, kuttet på langs

½ teskje sukker

125 g / 4½ oz hermetiske erter

1 stor potet, kuttet i strimler

2-3 små auberginer, finhakket

250ml / 8fl oz vann

Metode

- Mariner fisken med gurkemeie og salt i 30 minutter.

- Varm oljen i en panne. Tilsett den marinerte fisken og stek på middels varme i 4-5 minutter, snu av og til. Løp og bestill.

- Til den samme oljen, tilsett sennepsfrø, fennikel, løk, bukkehornkløver og spisskummen. La dem pludre i 15 sekunder.

- Tilsett laurbærblad og rød pepper. Stek i 30 sekunder.

- Tilsett løk og grønn pepper. Stek på middels varme til løken er gyllenbrun.

- Tilsett sukker, erter, poteter og auberginer. Bland godt. Stek blandingen i 7-8 minutter.

- Tilsett stekt fisk og vann. Bland godt. Dekk til med lokk og kok i 12-15 minutter, rør av og til.

- Serveres varm.

gulnar tandoor

(Tandoor tilberedt ørret)

4 porsjoner

Ingredienser

4 ørreter, 250g / 9oz hver

Smør til duskregn

For den første marinaden:

120ml / 4fl oz malteddik

2 ss sitronsaft

2 ts hvitløkspasta

½ ts chilipulver

salt etter smak

For den andre marinaden:

400 g yoghurt

1 egg

1 ts hvitløkspasta

2 ts ingefærpasta

120ml / 4fl oz fersk enkeltkrem

180 g / 6½ oz besan*

Reker i Masala Verde

4 porsjoner

Ingredienser

1 cm / ½ tommer ingefærrot

8 fedd hvitløk

3 grønne paprika, kuttet på langs

50g / 1¾oz korianderblader, hakket

1½ ss raffinert vegetabilsk olje

2 store løk, finhakket

2 hakkede tomater

500g / 1lb 2oz store reker, avskallede og åre

1 ts tamarindpasta

salt etter smak

½ ts safran

Metode

- Mal ingefær, hvitløk, chilipepper og korianderblader. Sett den til side.
- Varm oljen i en panne. Stek løken på svak varme til den er gylden.
- Tilsett ingefær-hvitløkspasta og tomatene. Stek i 4-5 minutter.
- Tilsett reker, tamarindpasta, salt og gurkemeie. Bland godt. Kok i 15 minutter, rør av og til. Serveres varm.

fiskekotelett

4 porsjoner

Ingredienser

2 egg

1 ss vanlig hvitt mel

salt etter smak

400g / 14oz John Dory, uten skinn og filetert

500ml / 16fl oz vann

2 store poteter, kokte og moste

1½ ts garam masala

1 stor revet løk

1 ts ingefærpasta

Raffinert vegetabilsk olje til steking

200 g / 7 oz brødsmuler

Metode

- Pisk eggene med mel og salt. Sett den til side.
- Kok fisken i saltet vann i en panne på middels varme i 15-20 minutter. Hell av og elt sammen med potetene, garam masala, løk, ingefærpasta og salt til den er jevn.
- Del i 16 porsjoner, rull til kuler og flat litt til koteletter.
- Varm oljen i en panne. Dypp kotelettene i sammenvispet egg, rull i brødsmuler og stek på svak varme til de er gyldenbrune. Serveres varm.

Parsi Fish Sas

(Fisk kokt i hvit saus)

4 porsjoner

Ingredienser

1 ss rismel

1 spiseskje sukker

60ml / 2fl oz malteddik

2 ss raffinert vegetabilsk olje

2 store løk, fine skiver

½ ts ingefærpasta

½ ts hvitløkspasta

1 ts malt spisskummen

salt etter smak

250ml / 8fl oz vann

8 sitronkveitefileter

2 piskede egg

Metode

- Mal rismelet med sukker og eddik til en pasta. Sett den til side.
- Varm oljen i en panne. Stek løken på svak varme til den er gylden.
- Tilsett ingefærpasta, hvitløkspasta, malt spisskummen, salt, vann og fisk. Kok på lav varme i 25 minutter, rør av og til.
- Tilsett melblandingen og kok i ett minutt.
- Tilsett eggene forsiktig. Rør i et minutt. Pynt og server varm.

Peshawari Machhi

4 porsjoner

Ingredienser

3 ss raffinert vegetabilsk olje

1 kg / 2¼lb laks, kuttet i biffer

2,5 cm / 1 tommer. Ingefærrot, revet

8 knuste hvitløksfedd

2 store løk, finhakket

3 tomater, blanchert og hakket

1 ts garam masala

400 g yoghurt

¾ teskje safran

1 ts amchoor*

salt etter smak

Metode

- Varm opp oljen. Stek fisken på svak varme til den er gyldenbrun. Løp og bestill.
- Til den samme oljen, tilsett ingefær, hvitløk og løk. Stek på svak varme i 6 minutter. Tilsett stekt fisk og alle de resterende ingrediensene. Bland godt.
- Kok i 20 minutter og server varm.

Krabbe karri

4 porsjoner

Ingredienser

4 mellomstore krabber, renset (se matlagingsteknikker)

salt etter smak

1 ts safran

½ revet kokos

6 fedd hvitløk

4-5 røde paprika

1 ss korianderfrø

1 ss spisskummen frø

1 ts tamarindpasta

3-4 grønne paprika, kuttet på langs

1 ss raffinert vegetabilsk olje

1 stor løk, finhakket

Metode

- Mariner krabbene med salt og gurkemeie i 30 minutter.
- Mal alle de resterende ingrediensene, unntatt olivenolje og løk, med nok vann til å danne en jevn pasta.
- Varm oljen i en panne. Stek malt pasta og løk på svak varme til løken blir gyllen. Tilsett litt vann. Kok i 7-8 minutter, rør av og til. Tilsett de marinerte krabbene. Bland godt og kok i 5 minutter. Serveres varm.

sennepsfisk

4 porsjoner

Ingredienser

8 ss sennepsolje

4 ørreter, 250g / 9oz hver

2 ts malt spisskummen

2 ts malt sennep

1 ts malt koriander

½ ts safran

120ml / 4fl oz vann

salt etter smak

Metode

- Varm oljen i en panne. Tilsett fisk og stek på middels varme i 1-2 minutter. Snu fisken og gjenta. Løp og bestill.
- Til den samme oljen, tilsett malt spisskummen, sennep og koriander. La dem pludre i 15 sekunder.
- Tilsett gurkemeie, vann, salt og stekt fisk. Bland godt og kok i 10-12 minutter. Serveres varm.

Meen Vattichathu

(Rød fisk tilberedt med krydder)

4 porsjoner

Ingredienser

600g / 1lb 5oz sverdfisk, flådd og filetert

½ ts safran

salt etter smak

3 ss raffinert vegetabilsk olje

½ ts sennepsfrø

½ ts bukkehornkløverfrø

8 karriblader

2 store løk, fine skiver

8 hakkede hvitløksfedd

5 cm / 2 in. Ingefær, finskåret

6 kokum*

Metode
- La fisken marinere med gurkemeie og salt i 2 timer.
- Varm oljen i en panne. Tilsett sennep og bukkehornkløverfrø. La dem pludre i 15 sekunder. Tilsett alle de resterende ingrediensene og den marinerte fisken. Stek på lav varme i 15 minutter. Serveres varm.

Doi Maach

(Fisk kokt i yoghurt)

4 porsjoner

Ingredienser

4 ørreter, flådd og filetert

2 ss raffinert vegetabilsk olje

2 laurbærblader

1 stor løk, finhakket

2 ts sukker

salt etter smak

200 g / 7 oz yoghurt

Til marinaden:

3 nelliker

5 cm / 2 in. kanelstang

3 kapsler grønn kardemomme

5 cm / 2 in. fra ingefærrot

1 stor løk, kuttet i tynne skiver

1 ts safran

salt etter smak

Metode

- Mal alle ingrediensene til marinaden sammen. Mariner fisken med denne blandingen i 30 minutter.
- Varm oljen i en panne. Tilsett laurbærblad og løk. Stek på lav varme i 3 minutter. Tilsett sukker, salt og marinert fisk. Bland godt.
- Stek i 10 minutter. Tilsett yoghurt og kok i 8 minutter. Serveres varm.

Stekt fisk

4 porsjoner

Ingredienser

6 ss besan*

2 ts garam masala

1 ts amchoor*

1 ts ajowan frø

1 ts ingefærpasta

1 ts hvitløkspasta

salt etter smak

675 g / 1½ lb breiflabbhale, uten skinn og filetert

Raffinert vegetabilsk olje til steking

Metode

- Bland alle ingrediensene unntatt fisk og olje med nok vann til å danne en tykk deig. Mariner fisken i denne massen i 4 timer.
- Varm oljen i en stekepanne. Tilsett fisk og stek på middels varme i 4-5 minutter. Snu og stek igjen i 2-3 minutter. Serveres varm.

Macher Chop

4 porsjoner

Ingredienser

500g / 1lb 2oz laks, skinnfri og filetert

salt etter smak

500ml / 16fl oz vann

250 g / 9 oz poteter, kokt og most

200ml / 7fl oz sennepsolje

2 store løk, finhakket

½ ts ingefærpasta

½ ts hvitløkspasta

1½ ts garam masala

1 sammenvispet egg

200 g / 7 oz brødsmuler

Raffinert vegetabilsk olje til steking

Metode

- Ha fisken med salt og vann i en panne. Kok over middels varme i 15 minutter. Hell av og mos med potetene. Sett den til side.
- Varm oljen i en stekepanne. Tilsett løken og stek på middels varme til den er gylden. Tilsett fiskeblandingen og alle de resterende ingrediensene unntatt egg og brødsmuler. Bland godt og kok på lav varme i 10 minutter.
- Avkjøl og del i sitronstore kuler. Flat ut og form til koteletter.
- Varm oljen til steking i en panne. Dypp kotelettene i egget, rull i brødsmuler og stek på middels varme til de er gyldenbrune. Serveres varm.

Sverdfisk Goa

(Sverdfisk tilberedt Goan-stil)

4 porsjoner

Ingredienser

50g / 1¾oz fersk kokosnøtt, revet

1 ts korianderfrø

1 ts spisskummen frø

1 ts valmuefrø

4 fedd hvitløk

1 ss tamarindpasta

250ml / 8fl oz vann

Raffinert vegetabilsk olje til steking

1 stor løk, finhakket

1 ss kokum*

salt etter smak

½ ts safran

4 sverdfiskbiffer

Metode

- Mal kokosnøtt, korianderfrø, spisskummen, valmuefrø, hvitløk og tamarindpasta med nok vann til å danne en jevn pasta. Sett den til side.
- Varm oljen i en panne. Tilsett løken og stek på middels varme til den er gylden.
- Tilsett bakken pasta og stek i 2 minutter. Tilsett de resterende ingrediensene. Bland godt og kok i 15 minutter. Serveres varm.

Masala tørket fisk

4 porsjoner

Ingredienser

6 laksefileter

¼ fersk kokos, revet

7 røde paprika

1 ss safran

salt etter smak

Metode

- Grill fiskefiletene i 20 minutter. Sett den til side.
- Mal de resterende ingrediensene til en jevn pasta.
- Bland med fisken. Kok blandingen i en panne på lav varme i 15 minutter. Serveres varm.

Madras reke karri

4 porsjoner

Ingredienser

3 ss raffinert vegetabilsk olje

3 store løk, finhakket

12 finhakkede hvitløksfedd

3 tomater, blanchert og hakket

½ ts safran

salt etter smak

1 ts chilipulver

2 ss tamarindpasta

750 g / 1 lb 10 oz mellomstore reker, avskallede og årede

4 ss kokosmelk

Metode

- Varm oljen i en panne. Tilsett løk og hvitløk og stek på middels varme i ett minutt. Tilsett tomater, gurkemeie, salt, chilipulver, tamarindpasta og reker. Bland godt og stek i 7-8 minutter.
- Tilsett kokosmelk. Kok i 10 minutter og server varm.

fisk i bukkehornkløver

4 porsjoner

Ingredienser

8 ss raffinert vegetabilsk olje

500g / 1lb 2oz laks, fileter

1 ss hvitløkspasta

75 g / 2½ oz friske bukkehornkløverblader, finhakket

4 hakkede tomater

2 ts malt koriander

1 ts malt spisskummen

1 ts sitronsaft

salt etter smak

1 ts safran

75 g / 2½ oz varmt vann

Metode

- Varm 4 ss olje i en panne. Tilsett fisken og stek på middels varme til den er gyldenbrun på begge sider. Løp og bestill.
- Varm 4 ss olje i en panne. Tilsett hvitløkspastaen. Stek på lav varme i ett minutt. Tilsett de resterende ingrediensene unntatt vann. Stek i 4-5 minutter.
- Tilsett vann og stekt fisk. Bland godt. Dekk til med lokk og kok i 10-15 minutter, rør av og til. Serveres varm.

Karimeen Porichathu

(Fiskefilet i Masala)

4 porsjoner

Ingredienser

1 ts chilipulver

1 ss malt koriander

1 ts safran

1 ts ingefærpasta

2 grønne paprika, hakket

1 sitronsaft

8 karriblader

salt etter smak

8 laksefileter

Raffinert vegetabilsk olje til steking

Metode

- Bland alle ingrediensene unntatt fisk og olje.
- Mariner fisken med denne blandingen og avkjøl i 2 timer.
- Varm oljen i en stekepanne. Tilsett fiskestykkene og stek på middels varme til de er gyldenbrune.
- Serveres varm.

jumbo reker

4 porsjoner

Ingredienser

500g / 1lb 2oz store reker, avskallede og åre

1 ts safran

½ ts chilipulver

salt etter smak

3 ss raffinert vegetabilsk olje

1 stor løk, finhakket

1 cm / ½ tomme. Ingefærrot, finhakket

10 hakkede hvitløksfedd

2-3 grønne paprika, kuttet på langs

½ teskje sukker

250ml / 8fl oz kokosmelk

1 ss korianderblader, finhakket

Metode

- Mariner rekene med gurkemeie, chilipulver og salt i 1 time.
- Varm oljen i en panne. Tilsett løk, ingefær, hvitløk og grønn chili og stek på middels varme i 2-3 minutter.
- Tilsett sukker, salt og marinerte reker. Bland godt og surr i 10 minutter. Tilsett kokosmelk. Kok i 15 minutter.
- Pynt med korianderblader og server varm.

hermetisk fisk

4 porsjoner

Ingredienser

Raffinert vegetabilsk olje til steking

1 kg / 2¼lb sverdfisk, flådd og filet

1 ts safran

12 tørkede røde paprika

1 ss spisskummen frø

5 cm / 2 in. fra ingefærrot

15 fedd hvitløk

250ml / 8fl oz malteddik

salt etter smak

Metode

- Varm oljen i en stekepanne. Tilsett fisk og stek på middels varme i 2-3 minutter. Snu og stek i 1-2 minutter. Sett den til side.
- Mal de resterende ingrediensene til en jevn pasta.
- Kok pastaen i en panne på lav varme i 10 minutter. Tilsett fisken, kok i 3-4 minutter, avkjøl og oppbevar i en krukke i kjøleskapet i opptil 1 uke.

Fiskebolle karri

4 porsjoner

Ingredienser

500g / 1lb 2oz laks, skinnfri og filetert

salt etter smak

750 ml / 1¼ halvliter vann

1 stor løk

3 ts garam masala

½ ts safran

3 ss raffinert vegetabilsk olje pluss ekstra til steking

5 cm / 2 in. Ingefærrot, revet

5 knuste hvitløksfedd

250 g / 9 oz tomater, blanchert og i terninger

2 ss yoghurt, smoothie

Metode

- Kok fisken med litt salt og 500 ml vann på middels varme i 20 minutter. Hell av og bland med løken, saltet, 1 ts garam masala og safran til den er jevn. Del i 12 kuler.
- Varm opp oljen til steking. Tilsett kulene og stek på middels varme til de er gyldenbrune. Løp og bestill.
- Varm 3 ss olje i en panne. Tilsett alle resterende ingrediensene, resterende vann og fiskeboller. Kok i 10 minutter og server varm.

amritsari fisk

(Varm krydret fisk)

4 porsjoner

Ingredienser

200 g / 7 oz yoghurt

½ ts ingefærpasta

½ ts hvitløkspasta

1 sitronsaft

½ ts garam masala

salt etter smak

675 g / 1½ lb breiflabbhale, uten skinn og filetert

Metode

- Bland alle ingrediensene unntatt fisk. Mariner fisken med denne blandingen i 1 time.
- Grill den marinerte fisken i 7-8 minutter. Serveres varm.

Reker stekt masala

4 porsjoner

Ingredienser

4 fedd hvitløk

5 cm / 2in ingefær

2 ss fersk kokos, revet

2 tørkede røde paprika

1 ss korianderfrø

1 ts safran

salt etter smak

120ml / 4fl oz vann

750 g / 1 lb 10 oz reker, avskallede og årede

3 ss raffinert vegetabilsk olje

3 store løk, finhakket

2 hakkede tomater

2 ss korianderblader, hakket

1 ts garam masala

Metode

- Mal hvitløk, ingefær, kokos, rød pepper, korianderfrø, gurkemeie og salt med nok vann til å danne en jevn pasta.
- Mariner rekene med denne pastaen i en time.
- Varm oljen i en panne. Tilsett løken og stek på middels varme til den er gjennomsiktig.
- Tilsett de marinerte tomatene og rekene. Bland godt. Tilsett vann, dekk til med lokk og kok i 20 minutter.
- Pynt med korianderblader og garam masala. Serveres varm.

Dekket saltfisk

4 porsjoner

Ingredienser

2 ss sitronsaft

salt etter smak

Malt svart pepper etter smak

4 sverdfiskbiffer

2 ss smør

1 stor løk, finhakket

1 grønn paprika, uthulet og finhakket

3 tomater, skrelt og hakket

50 g / 1¾oz brødsmuler

85 g / 3 oz cheddarost, revet

Metode

- Dryss sitronsaft, salt og pepper over fisken. Sett den til side.

- Varm opp smøret i en panne. Tilsett løk og grønn pepper. Stek på middels varme i 2-3 minutter. Tilsett tomater, brødsmuler og ost. Stek i 4-5 minutter.

- Fordel blandingen jevnt over fisken. Pakk inn i aluminiumsfolie og stek ved 200°C (400°F, gassmerke 6) i 30 minutter. Serveres varm.

pasanda reker

(Reker tilberedt med yoghurt og eddik)

4 porsjoner

Ingredienser

250 g / 9 oz reker, avskallede og årede

salt etter smak

1 ts malt svart pepper

2 ts malteddik

2 ts raffinert vegetabilsk olje

1 ss hvitløkspasta

2 store løk, finhakket

2 hakkede tomater

2 hakket gressløk

1 ts garam masala

250ml / 8fl oz vann

4 ss gresk yoghurt

Metode

- Mariner rekene med salt, pepper og eddik i 30 minutter.
- Grill rekene i 5 minutter. Sett den til side.
- Varm oljen i en panne. Tilsett hvitløkspasta og løk. Stek på middels varme i ett minutt. Tilsett tomater, gressløk og garam masala. Stek i 4 minutter. Tilsett de grillede rekene og vannet. Kok på lav varme i 15 minutter. Tilsett yoghurten. Rør i 5 minutter. Serveres varm.

rechaido sverdfisk

(Sverdfisk tilberedt i Goan saus)

4 porsjoner

Ingredienser

4 røde paprika

6 fedd hvitløk

2,5 cm / 1 tommer. ingefærrot

½ ts safran

1 stor løk

1 ts tamarindpasta

1 ts spisskummen frø

1 spiseskje sukker

salt etter smak

120ml / 4fl oz malteddik

1 kg / 2¼lb sverdfisk, renset

Raffinert vegetabilsk olje til steking

Metode

- Mal alle ingrediensene unntatt fisk og olje.
- Lag snitt i sverdfisken og mariner med den malte blandingen, ha mye av blandingen i åpningene. Bestill for 1 time.
- Varm oljen i en stekepanne. Tilsett marinert fisk og stek på svak varme i 2-3 minutter. Snu og gjenta. Serveres varm.

Teekha Jhinga

(varme reker)

4 porsjoner

Ingredienser

- 4 ss raffinert vegetabilsk olje
- 1 ts fennikelfrø
- 2 store løk, finhakket
- 2 ts ingefærpasta
- 2 ts hvitløkspasta
- salt etter smak
- ½ ts safran
- 3 ss garam masala
- 25g / snaut 1oz tørket kokosnøtt
- 60ml / 2fl oz vann
- 1 ss sitronsaft
- 500 g / 1 lb 2oz reker, skallet og åred

Metode

- Varm oljen i en panne. Tilsett fennikelfrø. La dem pludre i 15 sekunder. Tilsett løk, ingefærpasta og hvitløkspasta. Stek på middels varme i ett minutt.
- Tilsett de resterende ingrediensene unntatt reker. Stek i 7 minutter.
- Tilsett rekene og kok i 15 minutter under konstant omrøring. Serveres varm.

Balchow reker

(Reker tilberedt på Goan-måten)

4 porsjoner

Ingredienser

750 g / 1 lb 10 oz reker, avskallede og årede

250ml / 8fl oz malteddik

8 fedd hvitløk

2 store løk, finhakket

1 ss malt spisskummen

¼ teskje safran

salt etter smak

120ml / 4fl oz raffinert vegetabilsk olje

50g / 1¾oz korianderblader, hakket

Metode

- Mariner rekene med 4 ss eddik i 2 timer.
- Mal den gjenværende eddiken med hvitløk, løk, malt spisskummen, gurkemeie og salt for å danne en jevn pasta. Sett den til side.
- Varm oljen i en panne. Stek rekene på svak varme i 12 minutter.
- Legg til mappen. Bland godt og stek på lav varme i 15 minutter.
- Pynt med korianderblader. Serveres varm.

bhujna reker

(Tørkede reker med kokos og løk)

4 porsjoner

Ingredienser

50g / 1¾oz fersk kokosnøtt, revet

2 store løk

6 røde paprika

5 cm / 2 in. Ingefærrot, revet

1 ts hvitløkspasta

4 ss raffinert vegetabilsk olje

5 tørre kokum*

¼ teskje safran

750 g / 1 lb 10 oz reker, avskallede og årede

250ml / 8fl oz vann

salt etter smak

Metode

- Mal kokos, løk, rød pepper, ingefær og hvitløkspasta.
- Varm oljen i en panne. Tilsett pastaen med kokum og gurkemeie. Stek på lav varme i 5 minutter.
- Tilsett rekene, vann og salt. Kok i 20 minutter, rør konstant. Serveres varm.

Chingdi Macher Malai

(Reker i kokos)

4 porsjoner

Ingredienser

- 2 store løk, revet
- 2 ss ingefærpasta
- 100 g / 3½ oz fersk kokosnøtt, revet
- 4 ss raffinert vegetabilsk olje
- 500 g / 1 lb 2oz reker, skallet og åred
- 1 ts safran
- 1 ts malt spisskummen
- 4 hakkede tomater
- 1 teskje sukker
- 1 teskje ghee
- 2 nelliker
- 2,5 cm / 1 tommer kanel
- 2 kapsler grønn kardemomme
- 3 laurbærblad
- salt etter smak

4 store poteter, kuttet i terninger og stekt

250ml / 8fl oz vann

Metode

- Mal løken, ingefærpastaen og kokosnøtten til en jevn pasta. Sett den til side.
- Varm oljen i en stekepanne. Tilsett rekene og stek dem på middels varme i 5 minutter. Løp og bestill.
- Til den samme oljen, tilsett malt pasta og alle de resterende ingrediensene, bortsett fra vannet. Stek i 6-7 minutter. Tilsett stekte reker og vann. Bland godt og kok i 10 minutter. Serveres varm.

Fisk Sorse Bata

(Fisk i sennepspasta)

4 porsjoner

Ingredienser

4 ss sennepsfrø

7 grønne paprika

2 ss vann

½ ts safran

5 ss sennepsolje

salt etter smak

Sitrontunge 1 kg / 2¼lb, skrelt og filet

Metode

- Mal alle ingrediensene unntatt fisk med nok vann til å danne en jevn pasta. Mariner fisken med denne blandingen i 1 time.
- Kok i 25 minutter. Serveres varm.

Fiske suppe

4 porsjoner

Ingredienser

1 ss raffinert vegetabilsk olje

2 nelliker

2,5 cm / 1 tommer kanel

3 laurbærblad

5 korn sort pepper

1 ts hvitløkspasta

1 ts ingefærpasta

2 store løk, finhakket

400g / 14oz frosne blandede grønnsaker

salt etter smak

250ml / 8fl oz varmt vann

500g / 1lb 2oz breiflabbfileter

1 ss vanlig hvitt mel, oppløst i 60ml / 2fl oz melk

Metode

- Varm oljen i en panne. Tilsett nellik, kanel, laurbærblad og pepper. La dem pludre i 15 sekunder. Tilsett hvitløkspasta, ingefærpasta og løk. Stek på middels varme i 2-3 minutter.
- Tilsett grønnsakene, salt og vann. Bland godt og kok i 10 minutter.
- Tilsett fisk og melblanding forsiktig. Bland godt. Kok over middels varme i 10 minutter. Serveres varm.

jhinga nissa

(Reker med yoghurt)

4 porsjoner

Ingredienser

1 ss sitronsaft

1 ts ingefærpasta

1 ts hvitløkspasta

1 ts sesamfrø

200 g / 7 oz yoghurt

2 grønne paprika, hakket

½ ts tørkede bukkehornkløverblader

½ ts malt nellik

½ ts kanelpulver

½ ts malt svart pepper

salt etter smak

12 store reker, avskallede og åre

Metode

- Bland alle ingrediensene unntatt reker. Mariner rekene i denne blandingen i en time.
- Legg de marinerte rekene på spyd og grill i 15 minutter. Serveres varm.

Blekksprut Vindaloo

(Blekksprut kokt i krydret goan saus)

4 porsjoner

Ingredienser

8 ss malteddik

8 røde paprika

3,5 cm / 1½ in. ingefærrot

20 fedd hvitløk

1 ts sennepsfrø

1 ts spisskummen frø

1 ts safran

salt etter smak

6 ss raffinert vegetabilsk olje

3 store løk, finhakket

500g / 1lb 2oz blekksprut, i skiver

Metode

- Mal halvparten av eddiken med rød pepper, ingefær, hvitløk, sennepsfrø, spisskummen, gurkemeie og salt til en jevn masse. Sett den til side.
- Varm oljen i en panne. Stek løken på svak varme til den er gylden.
- Tilsett bakken pasta. Bland godt og surr i 5-6 minutter.
- Tilsett blekkspruten og gjenværende eddik. Kok på lav varme i 15-20 minutter, rør av og til. Serveres varm.

Hummer Balchow

(krydret hummer tilberedt i Goan curry)

4 porsjoner

Ingredienser

400 g / 14 oz hummerkjøtt, hakket

salt etter smak

½ ts safran

60ml / 2fl oz malteddik

1 teskje sukker

120ml / 4fl oz raffinert vegetabilsk olje

2 store løk, finhakket

12 finhakkede hvitløksfedd

1 ts garam masala

1 ss hakkede korianderblader

Metode
- Mariner hummeren med salt, safran, eddik og sukker i 1 time.
- Varm oljen i en panne. Tilsett løk og hvitløk. Stek på svak varme i 2-3 minutter. Tilsett marinert hummer og garam masala. Kok på lav varme i 15 minutter, rør av og til.
- Pynt med korianderblader. Serveres varm.

Reker med aubergine

4 porsjoner

Ingredienser

4 ss raffinert vegetabilsk olje

6 korn sort pepper

3 grønne paprika

4 nellik

6 fedd hvitløk

1 cm / ½ tommer ingefærrot

2 ss korianderblader, hakket

1½ ss tørket kokosnøtt

2 store løk, finhakket

500g / 1lb 2oz hakket aubergine

250 g / 9 oz reker, avskallede og årede

½ ts safran

1 ts tamarindpasta

salt etter smak

10 cashewnøtter

120ml / 4fl oz vann

Metode

- Varm 1 ss olje i en panne. Tilsett pepperkorn, grønn chili, fedd, hvitløk, ingefær, korianderblader og kokos over middels varme i 2-3 minutter. Mal blandingen til en jevn pasta. Sett den til side.
- Varm opp den resterende oljen i en panne. Tilsett løken og stek på middels varme i ett minutt. Tilsett aubergine, reker og gurkemeie. Stek i 5 minutter.
- Tilsett malt pasta og alle de resterende ingrediensene. Bland godt og kok i 10-15 minutter. Serveres varm.

grønne reker

4 porsjoner

Ingredienser

1 sitronsaft

50 g / 1¾oz mynteblader

50 g / 1 oz korianderblader

4 grønne paprika

2,5 cm / 1 tommer. ingefærrot

8 fedd hvitløk

en klype garam masala

salt etter smak

20 mellomstore reker, skallet og året

Metode

- Mal alle ingrediensene, unntatt rekene, til en jevn masse. Mariner rekene i denne blandingen i 1 time.
- Spidd rekene. Grill i 10 minutter, snu av og til. Serveres varm.

Fisk med koriander

4 porsjoner

Ingredienser

3 ss raffinert vegetabilsk olje

1 stor løk, finhakket

4 grønne paprika, finhakket

1 ss ingefærpasta

1 ss hvitløkspasta

1 ts safran

salt etter smak

100 g / 3½ oz korianderblader, hakket

1 kg / 2¼lb laks, skinnfri og filetert

250ml / 8fl oz vann

Metode

- Varm oljen i en panne. Stek løken på svak varme til den er gylden.
- Tilsett alle de resterende ingrediensene unntatt fisk og vann. Stek i 3-4 minutter. Tilsett fisken og fres i 3-4 minutter.
- Tilsett vannet. Bland godt og kok i 10-12 minutter. Serveres varm.

malai fisk

(Fisk kokt i kremet saus)

4 porsjoner

Ingredienser

250ml / 8fl oz raffinert vegetabilsk olje

1 kg / 2¼lb havabborfileter

1 ss vanlig hvitt mel

1 stor revet løk

½ ts safran

250ml / 8fl oz kokosmelk

salt etter smak

For krydderblandingen:

1 ts korianderfrø

1 ts spisskummen frø

4 grønne paprika

6 fedd hvitløk

6 ss vann

Metode

- Mal ingrediensene til krydderblandingen. Klem blandingen for å trekke ut saften i en liten bolle. Bestill juicen. Kast skallet.
- Varm oljen i en stekepanne. Dekk fisken med mel og stek på middels varme til den er gyldenbrun. Løp og bestill.
- Tilsett løken i samme olje og stek på middels varme til den er gyldenbrun.
- Tilsett juice fra krydderblandingen og alle de resterende ingrediensene. Bland godt.
- Kok i 10 minutter. Tilsett fisken og stek i 5 minutter. Serveres varm.

Konkani fiskekarri

4 porsjoner

Ingredienser

1 kg / 2¼lb laks, skinnfri og filetert

salt etter smak

1 ts safran

1 ts chilipulver

2 ss raffinert vegetabilsk olje

1 stor løk, finhakket

½ ts ingefærpasta

750 ml / 1¼ halvliter kokosmelk

3 grønne paprika, kuttet på langs

Metode

- Mariner fisken med salt, gurkemeie og chilipulver i 30 minutter.
- Varm oljen i en panne. Tilsett løk og ingefærpasta. Stek på middels varme til løken er gjennomsiktig.
- Tilsett kokosmelk, grønn pepper og marinert fisk. Bland godt. Kok i 15 minutter. Serveres varm.

Krydret reker med hvitløk

4 porsjoner

Ingredienser

4 ss raffinert vegetabilsk olje

2 store løk, finhakket

1 ss hvitløkspasta

12 finhakkede hvitløksfedd

1 ts chilipulver

1 ts malt koriander

½ ts malt spisskummen

2 hakkede tomater

salt etter smak

1 ts safran

750 g / 1 lb 10 oz reker, avskallede og årede

250ml / 8fl oz vann

Metode

- Varm oljen i en panne. Tilsett løk, hvitløkspasta og finhakket hvitløk. Stek på middels varme til løken er gjennomsiktig.
- Tilsett de resterende ingrediensene unntatt reker og vann. Stek i 3-4 minutter. Tilsett reker og fres i 3-4 minutter.
- Tilsett vannet. Bland godt og kok i 12-15 minutter. Serveres varm.

Enkel fiskekarri

4 porsjoner

Ingredienser

2 store løk, kuttet i kvarte

3 nelliker

2,5 cm / 1 tommer kanel

4 korn sort pepper

2 ts korianderfrø

1 ts spisskummen frø

1 tomat, delt i kvarte

salt etter smak

2 ss raffinert vegetabilsk olje

750g / 1lb 10oz laks, skinnfri og filetert

250ml / 8fl oz vann

Metode

- Mal alle ingrediensene unntatt olje, fisk og vann. Varm oljen i en panne. Tilsett pastaen og stek på svak varme i 7 minutter.
- Tilsett fisk og vann. Kok i 25 minutter under konstant omrøring. Serveres varm.

Goan Fish Curry

4 porsjoner

Ingredienser

100 g / 3½ oz fersk kokosnøtt, revet

4 tørkede røde paprika

1 ts spisskummen frø

1 ts korianderfrø

360ml / 12fl oz vann

3 ss raffinert vegetabilsk olje

1 stor revet løk

1 ts safran

8 karriblader

2 tomater, blanchert og hakket

2 grønne paprika, kuttet på langs

1 ss tamarindpasta

salt etter smak

1 kg / 2¼lb laks, i skiver

Metode

- Mal kokos, rød pepper, spisskummen og korianderfrø med 4 ss vann til en tykk pasta. Sett den til side.
- Varm oljen i en panne. Stek løken på svak varme til den er gjennomsiktig.
- Tilsett kokospastaen. Stek i 3-4 minutter.
- Tilsett alle de resterende ingrediensene unntatt fisken og resten av vannet. Stek i 6-7 minutter. Tilsett fisk og vann. Bland godt og kok i 20 minutter, rør av og til. Serveres varm.

Reker Vindaloo

(Reker tilberedt i krydret Goan curry)

4 porsjoner

Ingredienser

   3 ss raffinert vegetabilsk olje

   1 stor revet løk

   4 hakkede tomater

   1½ ts chilipulver

   ½ ts safran

   2 ts malt spisskummen

   750 g / 1 lb 10 oz reker, avskallede og årede

   3 ss hvit eddik

   1 teskje sukker

   salt etter smak

Metode

- Varm oljen i en panne. Tilsett løk og stek på middels varme i 1-2 minutter. Tilsett tomater, chilipulver, gurkemeie og spisskummen. Bland godt og kok i 6-7 minutter, rør av og til.
- Tilsett rekene og bland godt. Kok over svak varme i 10 minutter.
- Tilsett eddik, sukker og salt. Kok i 5-7 minutter. Serveres varm.

Fisk i Masala Verde

4 porsjoner

Ingredienser

750g / 1lb 10oz sverdfisk, skinnfri og filetert

salt etter smak

1 ts safran

50 g / 1¾oz mynteblader

100 g / 3½ oz korianderblader

12 fedd hvitløk

5 cm / 2 in. fra ingefærrot

2 store løk, i skiver

5 cm / 2in kanel

1 ss valmuefrø

3 nelliker

500ml / 16fl oz vann

3 ss raffinert vegetabilsk olje

Metode

- La fisken marinere med salt og safran i 30 minutter.
- Mal de resterende ingrediensene, unntatt oljen, med nok vann til å danne en tykk pasta.
- Varm oljen i en panne. Tilsett pastaen og stek på middels varme i 4-5 minutter. Tilsett den marinerte fisken og resten av vannet. Bland godt og kok i 20 minutter, rør av og til. Serveres varm.

masala muslinger

4 porsjoner

Ingredienser

500 g / 1 lb 2 oz muslinger, rengjort (se[matlagingsteknikker](matlagingsteknikker))

salt etter smak

¾ teskje safran

1 ss korianderfrø

3 nelliker

2,5 cm / 1 tommer kanel

4 korn sort pepper

2,5 cm / 1 tommer. ingefærrot

8 fedd hvitløk

60g / 2oz fersk kokosnøtt, revet

2 ss raffinert vegetabilsk olje

1 stor løk, finhakket

500ml / 16fl oz vann

Metode

- damp (se<u>matlagingsteknikker</u>) muslingene i en dampkoker i 20 minutter. Dryss salt og gurkemeie på toppen. Sett den til side.
- Mal de resterende ingrediensene unntatt olivenolje, løk og vann.

- Varm oljen i en panne. Tilsett pastaen og løken. Stek på middels varme i 4-5 minutter. Tilsett de dampede muslingene og stek i 5 minutter. Tilsett vannet. Kok i 10 minutter og server varm.

fiske tikka

4 porsjoner

Ingredienser

2 ts ingefærpasta

2 ts hvitløkspasta

1 ts garam masala

1 ts chilipulver

2 ts malt spisskummen

2 ss sitronsaft

salt etter smak

1kg / 2¼lb breiflabb, flådd og filetert

Raffinert vegetabilsk olje for grunn steking

2 piskede egg

3 ss semulegryn

Metode

- Bland ingefærpasta, hvitløkspasta, garam masala, chilipulver, spisskummen, sitronsaft og salt. Mariner fisken med denne blandingen i 2 timer.
- Varm oljen i en stekepanne. Dypp den marinerte fisken i egget, rull i semulegryn og stek på middels varme i 4-5 minutter.
- Snu og stek i 2-3 minutter. Hell av på absorberende papir og server varm.

Aubergine fylt med reker

4 porsjoner

Ingredienser

4 ss raffinert vegetabilsk olje

1 stor løk, finrevet

2 ts ingefærpasta

2 ts hvitløkspasta

1 ts safran

½ ts garam masala

salt etter smak

1 ts tamarindpasta

180 g / 6½ oz reker, avskallede og årede

60ml / 2fl oz vann

8 små auberginer

10g / ¼oz korianderblader, hakket, til pynt

Metode

- Til fyllet, varm halvparten av oljen i en panne. Tilsett løken og stek på svak varme til den er gyldenbrun. Tilsett ingefærpasta, hvitløkspasta, gurkemeie og garam masala. Stek i 2-3 minutter.
- Tilsett salt, tamarindpasta, reker og vann. Bland godt og kok i 15 minutter. La avkjøles.
- Lag et kryss på enden av en aubergine med en kniv. Skjær dypere langs korset, og la den andre enden være udelt. Plasser rekeblandingen i dette hulrommet. Gjenta for alle auberginer.
- Varm opp resten av oljen i en panne. Tilsett de fylte auberginene. Stek på lav varme i 12-15 minutter, snu av og til. Pynt og server varm.

Reker med hvitløk og kanel

4 porsjoner

Ingredienser

250ml / 8fl oz raffinert vegetabilsk olje

1 ts safran

2 ts hvitløkspasta

salt etter smak

500 g / 1 lb 2oz reker, skallet og åred

2 ts kanelpulver

Metode

- Varm oljen i en panne. Tilsett gurkemeie, hvitløkspasta og salt. Stek på middels varme i 2 minutter. Tilsett reker og stek i 15 minutter.
- Tilsett kanel. Kok i 2 minutter og server varm.

Dampet såle med sennep

4 porsjoner

Ingredienser

1 ts ingefærpasta

1 ts hvitløkspasta

¼ teskje rød pepperpasta

2 ts engelsk sennep

2 ts sitronsaft

1 ts sennepsolje

salt etter smak

Sitrontunge 1 kg / 2¼lb, skrelt og filet

25g / snaut 1oz korianderblader, finhakket

Metode

- Bland alle ingrediensene unntatt fisk og korianderblader. Mariner fisken med denne blandingen i 30 minutter.
- Legg fisken i et grunt fat. damp (se matlagingsteknikker) i en fordamper i 15 minutter. Pynt med korianderblader og server varm.

gul fiskekarri

4 porsjoner

Ingredienser

100 ml / 3½ fl oz sennepsolje

1 kg / 2¼lb laks, skinnfri og filetert

4 ts engelsk sennep

1 ts malt koriander

1 ts chilipulver

2 ts hvitløkspasta

125 g / 4½ oz tomatpuré

120ml / 4fl oz vann

salt etter smak

1 ts safran

2 ss finhakkede korianderblader, til pynt

Metode

- Varm oljen i en stekepanne. Tilsett fisken og stek på svak varme til den er gyldenbrun. Snu og gjenta. Tøm fisken og reserver. Reserver oljen.
- Bland sennep med malt koriander, chilipulver og hvitløk.

- Varm opp oljen som brukes til å steke fisken. Stek sennepsblandingen i ett minutt.
- Tilsett tomatpuréen. Stek på middels varme i 4-5 minutter.
- Tilsett stekt fisk, vann, salt og gurkemeie. Bland godt og kok i 15-20 minutter, rør av og til.
- Pynt med korianderblader. Serveres varm.

www.ingramcontent.com/pod-product-compliance
Lightning Source LLC
Chambersburg PA
CBHW070419120526
44590CB00014B/1455